EMANUELE PAPALIA

BLOG BUSINESS

Come Creare Un'Attività
Di Successo Nell'Era Del Web 2.0

Titolo

"BLOG BUSINESS"

Autore

Emanuele Papalia

Editore

Bruno Editore

Sito internet

http://www.brunoeditore.it

Sommario

Introduzione

Il web, oggi, è il mezzo più veloce ed economico attraverso il quale è possibile conoscere e farsi conoscere. Puoi utilizzare il web per cercare informazioni sotto forma di conoscenza, per cercare persone con cui condividere interessi ed esperienze, e ancora per cercare nuove opportunità di lavoro o di divertimento.

Da qualche anno a questa parte il web così come lo si conosceva è cambiato, anzi, per essere più precisi, è cambiato il modo in cui viene usato. Se in passato utilizzavi internet rapportandoti ad esso solo in maniera statica e passiva, come lo fai magari con un libro o un enciclopedia, oggi il protagonista incontrastato di internet sei tu, siamo tutti noi!

Anche la famosa rivista americana *Time Magazine*, che ogni anno ha la consuetudine di premiare una persona che si distingue per qualcosa di speciale, nel 2007 ha premiato ognuno di noi, ogni singola persona che contribuisce a questo enorme contenitore di conoscenza condivisa che è il web.

Questo nuovo orientamento del web è denominato Web 2.0, in contrapposizione alla prima versione del web, quella 1.0, in cui l'*user generated content,* ossia il contenuto generato dall'utente, era relegato a semplici home page personali aggiornate di rado e prive degli strumenti di partecipazione e condivisione tra utenti.

Cos'è, quindi, il **Blog Business**? È l'applicazione pratica di questa nuova modalità di uso del web e delle sue tecnologie per creare e gestire una vera e propria attività online di successo.

Pensa ai blog, che da semplici "diari personali online" sono diventati veri e propri strumenti di *conversational marketing*, il marketing della conversazione, utilizzati non solo dalle aziende come primo mezzo per interagire con la loro clientela, ma anche e soprattutto dalle persone come te e me che mirano a diffondere la loro grande conoscenza ed esperienza, creando, dai propri interessi e passioni, delle rendite in denaro.

Per non parlare dello straordinario potere delle comunità dei social network alla Facebook, in cui il *buzz*, cioè il brusio, il passaparola, è uno strumento eccezionale per far conoscere la propria attività. Pensa anche all'intelligenza collettiva sprigionata dai Wiki, piattaforme che facilitano la partecipazione a un lavoro comune, come nel caso di Wikipedia, la più grande enciclopedia del mondo che ha saputo egregiamente sfruttare il potere collettivo.

Tecnologie 2.0 come gli RSS, il pagerank, i video, i podcast, i social bookmarks, rivestono un'importanza fondamentale per te, per creare il tuo "ecosistema digitale" che costituirà la chiave per il tuo successo online. Infine coda lunga ed e-commerce formano un'accoppiata vincente per creare e offrire tante nicchie di prodotti. Ho preparato per te un sito nel quale troverai tutti i software e le risorse di cui parlo in questo ebook.

Sono sicuro che se hai acquistato questo ebook vuoi dare realmente una svolta alle tue finanze e alla tua vita. Questo è il primo passo e, sicuramente, quello più semplice da affrontare. Io mi impegnerò a guidarti attraverso le migliori strategie e i metodi che conosco, poi starà a te metterli in pratica. Fissa bene nella tua mente queste parole: **impegnati senza mai, e ripeto MAI, arrenderti: questo è il primo SEGRETO!**

Buona lettura e buon lavoro!

Emanuele Papalia

GIORNO 1:
Creare un blog di successo (1ª parte)

Cos'è un blog, veramente? Innanzitutto un blog è a tutti gli effetti un sito web in cui l'autore, il *blogger*, inserisce in ordine cronologicamente inverso i propri post, ossia articoli che contengono opinioni, esperienze, idee del blogger.

Gli articoli possono essere commentati dagli utenti che visitano il blog, i quali esprimono la loro opinione su un determinato argomento. Un componente tipico del blog è il *blogroll*, e cioè una sezione appositamente dedicata all'inserimento di altri blog il cui contenuto si ritiene degno di menzione, e che consente di mettere le basi per costruire la popolarità del blog, aspetto fondamentale.

I contenuti di ciascun blog fanno parte di un'enorme rete di collegamenti denominata *blogosfera*, formata da milioni di link che da un blog puntano a un altro e viceversa.

In questi ultimi tempi il numero di blog è aumentato in modo esponenziale, questo perché numerose applicazioni online offrono servizi di *blogging* gratuiti e facili da utilizzare, primo fra tutti Blogger di Google. Oltre alla gratuità, il blog ha altre 3 caratteristiche molto vantaggiose:

1. **Divulgabile**: perché è facile creare un blog e inserire contenuti teoricamente visibili in tutto il mondo.

2. **SEO Friendly**: i blog sono maggiormente apprezzati dai motori di ricerca essenzialmente per l'originaria natura di diari online (i blog sono modificati giornalmente proprio come un diario). Gli algoritmi dei motori di ricerca sono "affamati" di contenuti nuovi, per questo un articolo di un blog che ha **data recente** e soprattutto **contenuto originale** può guadagnare posizioni nel *Search Engine Ranking* (SEO), ossia nella classifica dei risultati, nei confronti di contenuti meno recenti.

Tutte le piattaforme di blogging offrono la possibilità di strutturare i collegamenti alle pagine del blog per *permalink*, ossia link permanenti utilizzati come titolo di un articolo su un blog. Vendono chiamati permalink "gradevoli" quei titoli di articoli che abbiano un senso per chi li legge e soprattutto per chi li cerca. Ad esempio *www.mioblog.com/ebook-web-20* è un permalink "gradevole" perché il titolo rispecchia il contenuto dell'articolo e perché, soprattutto, titoli strutturati in tal modo sono sicuramente più appetibili ai motori di ricerca che permalink "non gradevoli" come:

www.mioblog.com/index.php?p=446.

3. **Virale**: i contenuti, se ben scelti e con le giuste strategie, possono essere diffusi più velocemente ed efficacemente attraverso un blog piuttosto che con una campagna di marketing ben strutturata.

Dunque, come costruire un blog di successo? La prima fase è scegliere la giusta piattaforma su cui realizzarlo. Ti premetto che la più facile e immediata soluzione è Blogger di Google, ciò nonostante io ti consiglio di utilizzare da subito WordPress, la piattaforma open source migliore al mondo per la costruzione di un blog per le tante estensioni e funzionalità che né Blogger né nessun'altra piattaforma hanno.

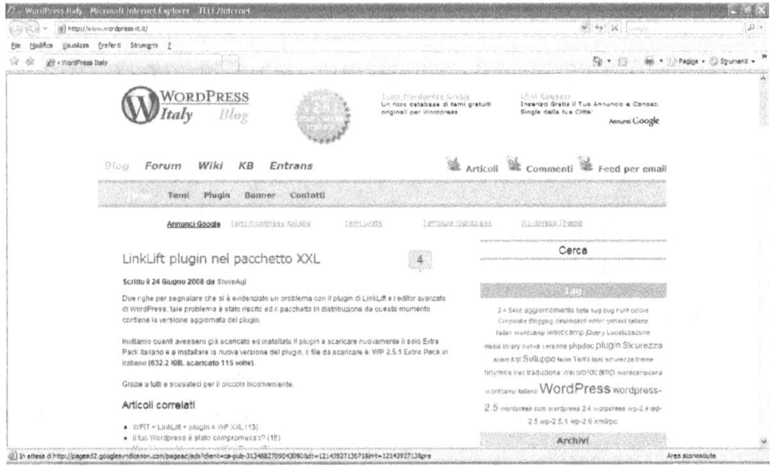

I maggiori vantaggi di WordPress sono:

- è totalmente personalizzabile con temi grafici, plugin, tantissime opzioni e funzionalità;

- è una piattaforma open source; ciò vuol dire che il codice con cui è programmato il blog è utilizzabile e modificabile da chiunque, inoltre esiste una folta comunità di programmatori che sforna novità e aggiornamenti continui;

- è scritta con un linguaggio che "piace" a Google;

- è utilizzata da milioni di blog al mondo e dai blog più seguiti e importanti;

- se digiti su Google «come usare WordPress» puoi trovare centinaia di risorse utili tra temi, personalizzazione di temi, plugin ecc.

SEGRETO n. 1: utilizza WordPress per la gestione professionale del tuo blog.

WordPress è un CMS (*Content Management System*), ossia un sistema di gestione dei contenuti, che ti permette di inserire e gestire testo, immagini, video, tutto in modalità visiva e senza conoscere pressoché nulla di linguaggi di programmazione. WordPress, a differenza di Blogger, per poter funzionare deve essere installato su uno spazio web dedicato (hosting), con determinate caratteristiche.

Inizia oggi stesso a lavorare e acquisire familiarità con WordPress attraverso uno straordinario hosting gratuito nel quale potrai installare WordPress veramente in pochissimi minuti, senza indugi e perdite di tempo. Vediamo come fare:

Collegati al sito http://www.Netsons.com

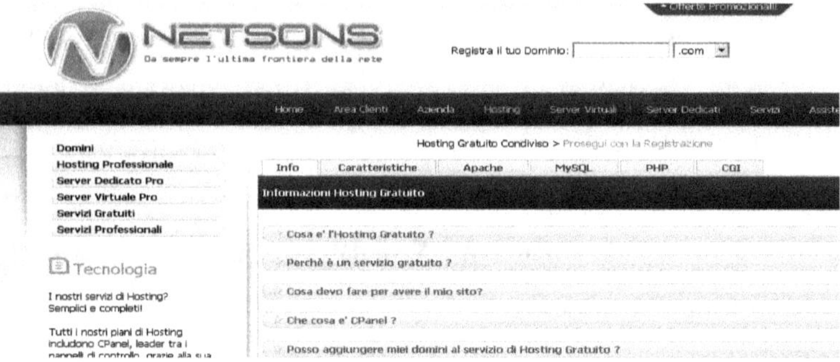

Clicca su *Servizi gratuiti > Hosting gratuito condiviso* e infine *Prosegui con la registrazione*:

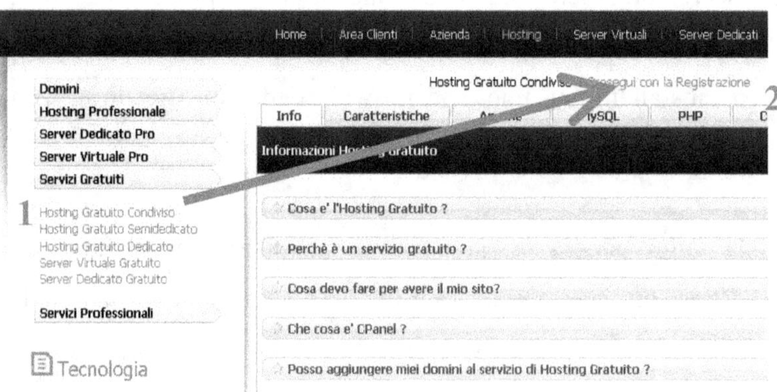

Adesso clicca ancora su «Procedi con la registrazione»:

Spunta l'opzione «Voglio registrare un sito hosting gratuito miosito.netsons.org», scegli il nome del dominio che avrà suffisso *nersons.org* e prosegui:

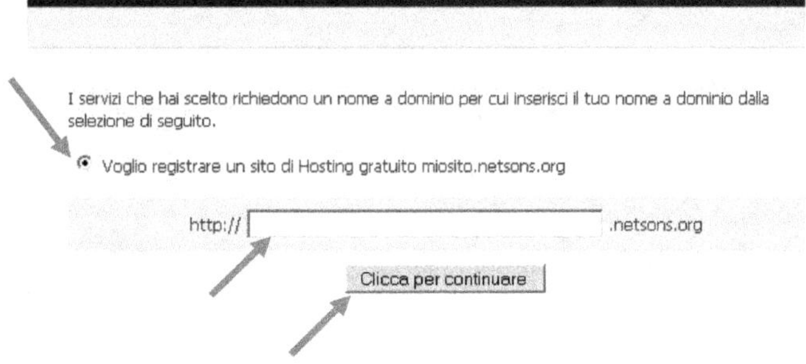

Aggiungi al carrello il dominio gratuito:

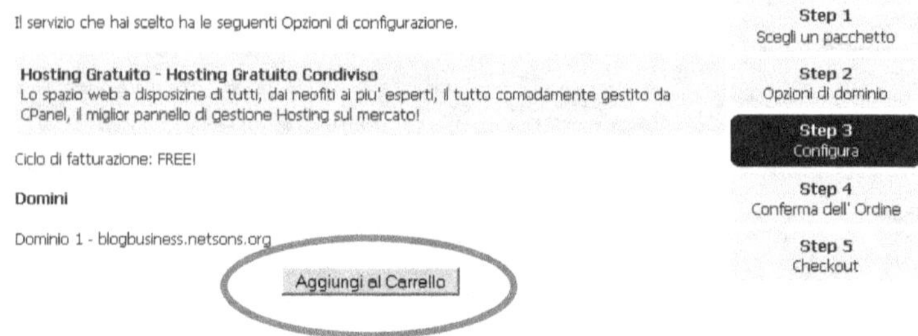

Clicca su «Termine Ordine»:

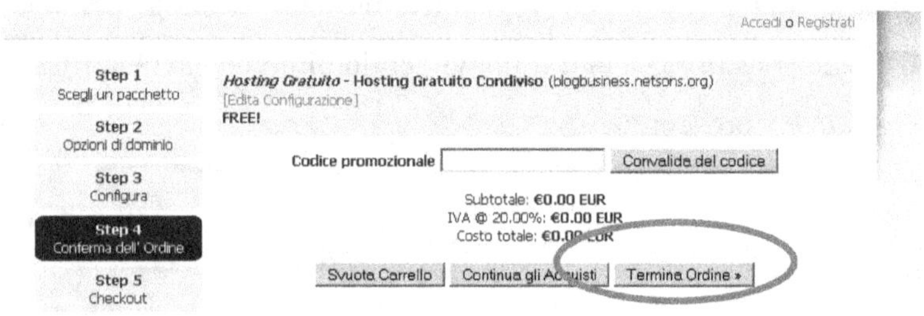

Infine inserisci i tuoi dati per la registrazione:

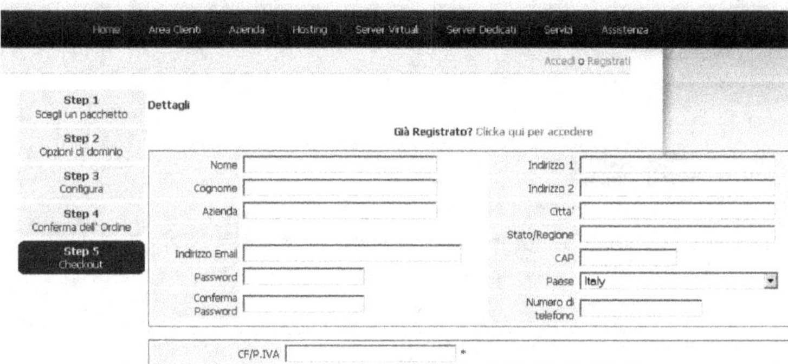

Per confermare clicca su «Completa l'Ordine».

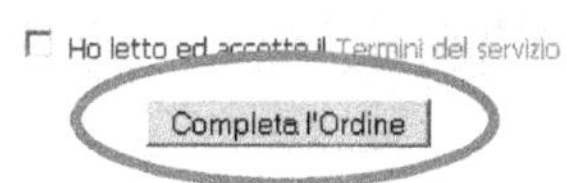

Ti arriverà all'istante l'email con l'attivazione del tuo hosting gratuito. Per entrare nel pannello di controllo dell'hosting clicca sul link «URL pannello di controllo» e inserisci i tuoi dati:

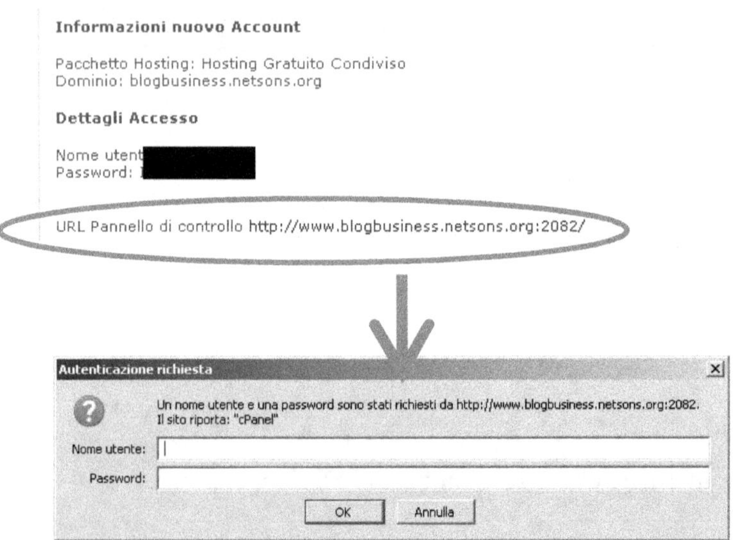

Ok, sei entrato nel tuo pannello di controllo. Adesso, per procedere all'installazione di WordPress devi creare un database. Vai su MySQL Databases dal pannello di controllo:

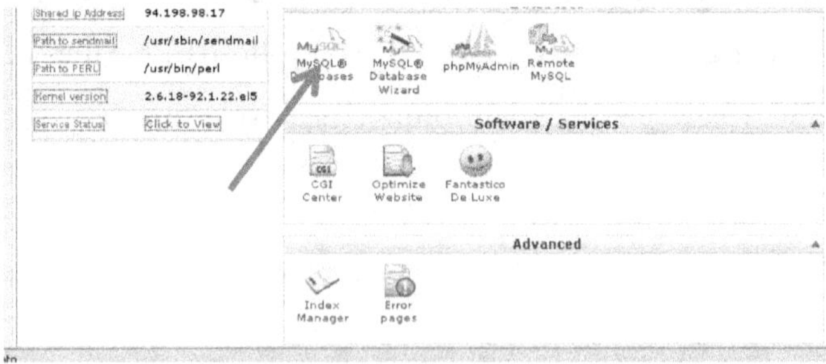

Assegna un nome al tuo database (ti consiglio di utilizzarne uno molto semplice) e clicca su «Create Database»:

Questo riportato nel prossimo passaggio è il nome del tuo database da collegare a WordPress, ossia tuonomeutente_tuonomedatabase. Per proseguire clicca su «Go back»:

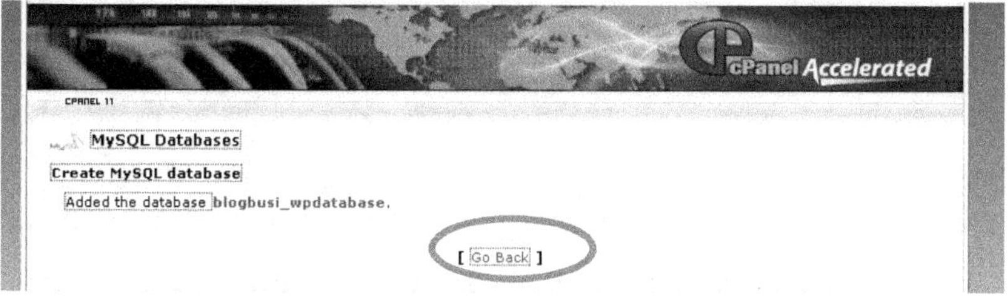

Adesso devi associare a questo database un nome utente e una password:

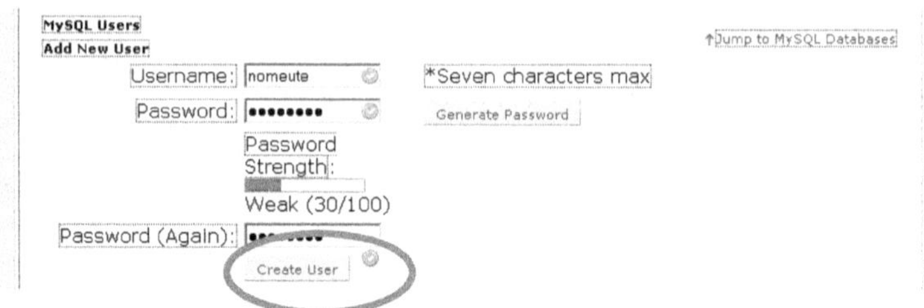

Dopo aver scelto user e password clicca su «Create User», verrà visualizzata la finestra di conferma; clicca di nuovo su «Go back».

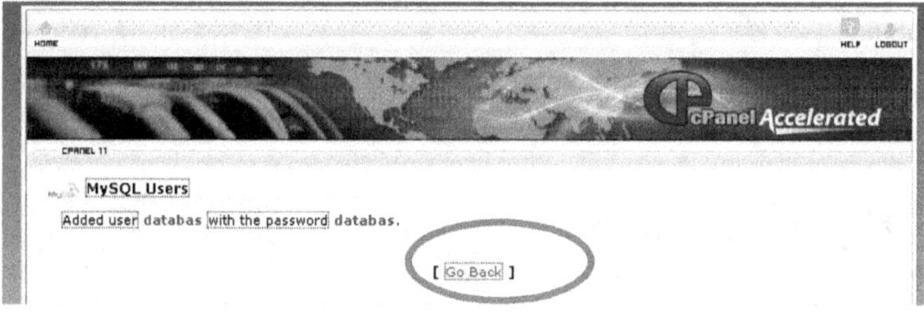

L'ultima operazione è associare l'utente che hai appena creato al database cliccando su «Add». In seguito devi attivare «All Privileges» e «Make change» per poter accedere e utilizzare il tuo database:

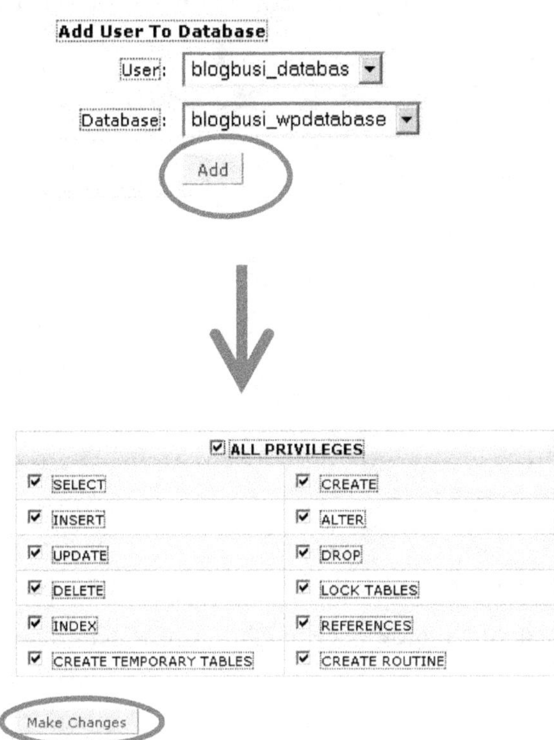

Adesso puoi iniziare a utilizzare WordPress. La versione di cui ti mostro l'installazione è la Wordpress 2.6.5. Dopo aver effettuato il download estrai il contenuto del file in una cartella del tuo computer aprendo Winzip, selezionando tutti i file e attivando il comando «Extract»:

Trova il file denominato *wp-config-sample.php*, clicca con il pulsante destro del mouse e scegli «Apri con Notepad»:

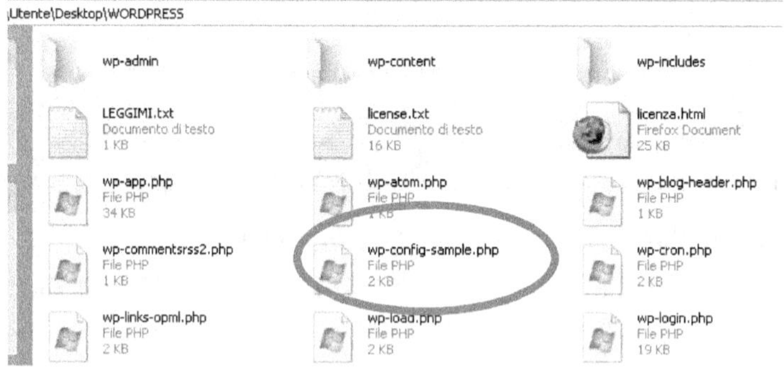

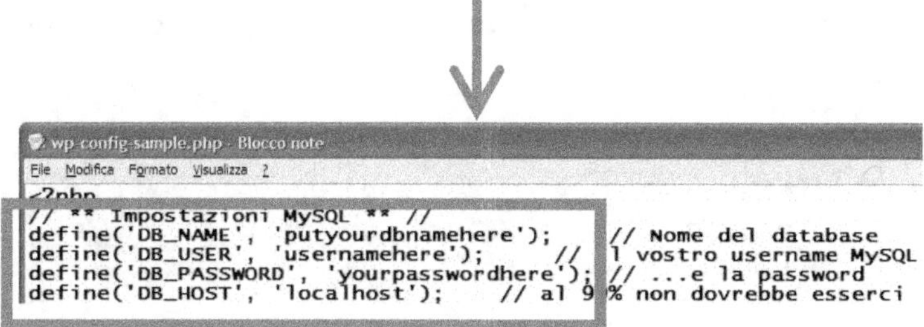

Devi sostituire i valori:

- "putyourdbnamehere" con il nome del database che hai scelto;

- "usernamehere" con l'username che hai scelto, creato e associato al database;

- "yourpasswordhere" con la password che hai creato con l'username associato al database;

- "localhost" con il seguente parametro: " mysql.netsons.com".

Salva il file e rinominalo *wp-config.php*. Adesso puoi caricare i file sullo spazio web acquistato. Per farlo hai bisogno di un software FTP per il caricamento dei file. Puoi utilizzare FileZilla, un programma opensource e gratuito.

Dopo aver aperto FileZilla inserisci come "host" l'indirizzo www.*ilnomedeltuosito*.netsons.org, il nome utente e la password di accesso al pannello di controllo e clicca su «Connessione Rapida».

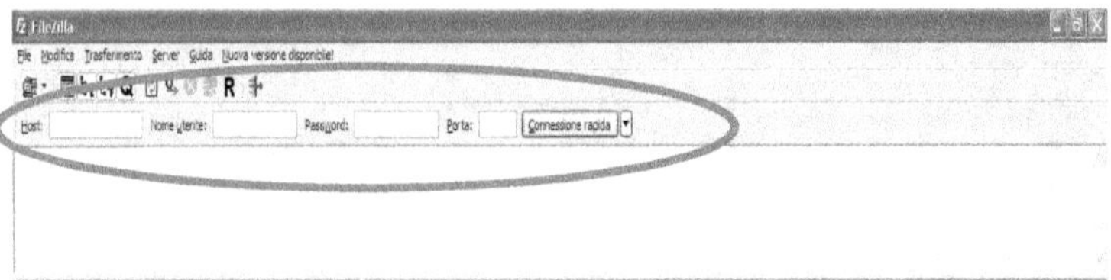

Trova la cartella dove ha estratto WordPress, seleziona tutti i file presenti nella cartella e trascinali con il mouse nella cartella "public_html".

N.B.: Ricorda che tutti i file di WordPress sono contenuti nella cartella "public_html".

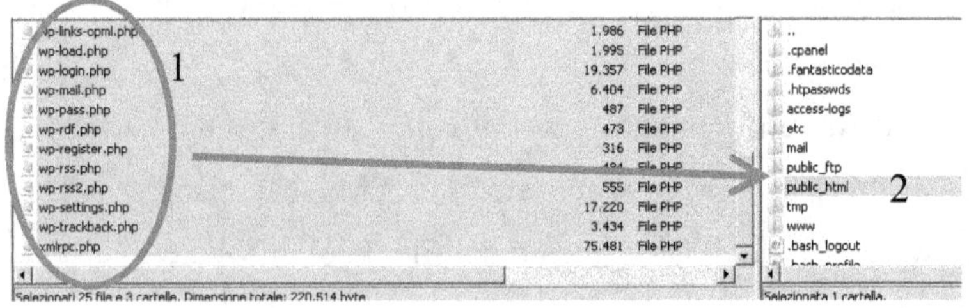

Ad operazione avvenuta, apri il tuo browser internet e collegati al seguente indirizzo:

nometuosito.netsons.org/ wp-admin/install.php

Vediamo velocemente il procedimento di impostazione del tuo nuovo blog in Wordpress. Dopo aver digitato **nometuosito.netsons.org/wp-admin/install.php** ti apparirà la schermata nella quale inserire il nome del tuo blog e la tua email:

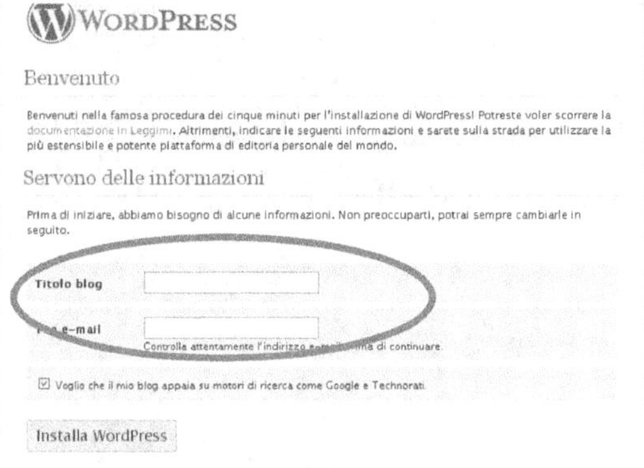

Seleziona sotto la casella «Voglio che il mio blog appaia nei motori di ricerca...» e clicca su «Installa WordPress» per andare avanti.

1. Annota User e Password e clicca su «Collegati»:

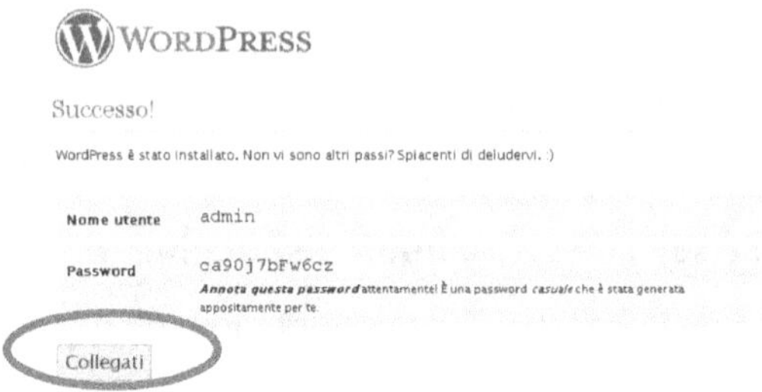

2. Inserisci i dati e accedi al pannello di controllo di WordPress cliccando su «Collegati»:

3. A questo punto puoi a tutti gli effetti lavorare e gestire il tuo in WordPress:

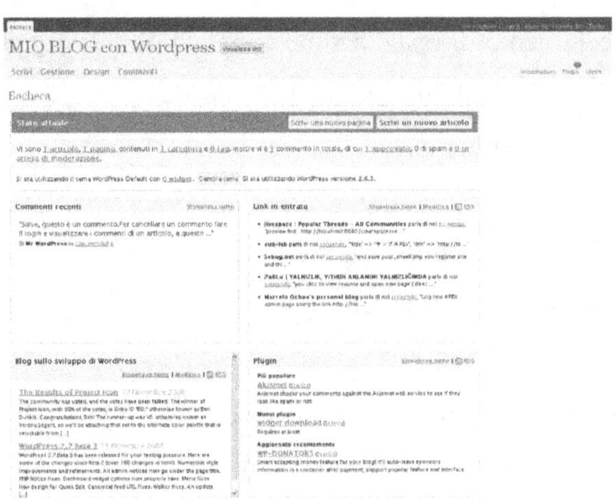

In pochissimi minuti abbiamo installato senza difficoltà WordPress. Puoi iniziare ad utilizzarlo da subito testando tutte le strategie che ti dirò in seguito. Attenzione: questo non sarà il tuo hosting definitivo, consiglio, più avanti, di comprare un hosting a pagamento con un tuo nome di dominio personalizzato. Ti ho illustrato questo metodo sopra per 3 motivi:

- Puoi utilizzare da subito WordPress senza aspettare di comprare un dominio a pagamento.

- Puoi acquisire subito familiarità con lo strumento senza effettuare alcuna spesa iniziale.

- Il procedimento di installazione è uguale per la maggior parte degli hosting, quindi ti servirà anche quando acquisterai un dominio a pagamento.

Puoi visualizzare l'esempio del blog in WordPress registrato con Netsons.com a questo indirizzo: http://blogbusiness.netsons.org

Soltanto dopo aver studiato WordPress allora potrai comprare un dominio a pagamento e lavorarci con già un po' di esperienza acquisita. Per il dominio a pagamento, se sei alle prime armi e vuoi spendere poco ti consiglio l'offerta di Hostingperte, ti basterà inizialmente il pacchetto basic a soli 20 € all'anno:

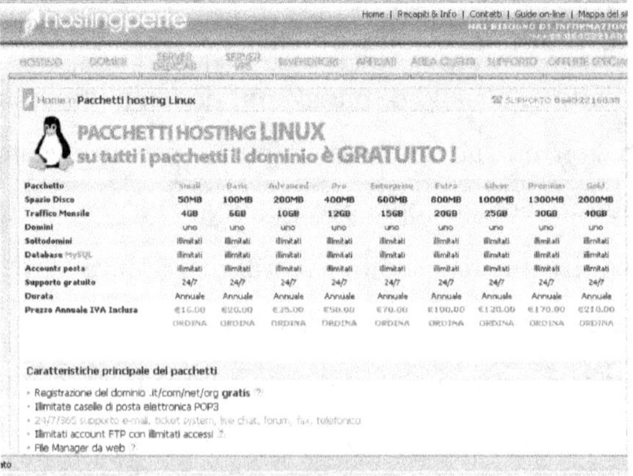

Pacchetto	Small	Basic	Advanced	Pro	Enterprise	Extra	Silver	Premium	Gold
Spazio Disco	50MB	100MB	200MB	400MB	600MB	800MB	1000MB	1300MB	2000MB
Traffico Mensile	4GB	6GB	10GB	12GB	15GB	20GB	25GB	30GB	40GB
Domini	uno	uno	uno	uno	uno	uno	uno	uno	uno
Sottodomini	illimitati	illimitati	illimitati	illimitati	illimitati	illimitati	illimitati	illimitati	illimitati
Database MySQL	illimitati	illimitati	illimitati	illimitati	illimitati	illimitati	illimitati	illimitati	illimitati
Accounts posta	illimitati	illimitati	illimitati	illimitati	illimitati	illimitati	illimitati	illimitati	illimitati
Supporto gratuito	24/7	24/7	24/7	24/7	24/7	24/7	24/7	24/7	24/7
Durata	Annuale	Annuale	Annuale	Annuale	Annuale	Annuale	Annuale	Annuale	Annuale
Prezzo Annuale IVA Inclusa	€16.00	€20.00	€25.00	€50.00	€70.00	€100.00	€120.00	€170.00	€210.00
	ORDINA	ORDINA	ORDINA	ORDINA	ORDINA	ORDINA	ORDINA	ORDINA	ORDINA

Se sei un po' più esperto, vuoi subito **il massimo delle prestazioni** e conosci **bene l'inglese** ti consiglio uno dei migliori hosting americani: http://www.bluehost.com.

Il prezzo si aggira intorno ai 70/80 euro all'anno, ma ti assicuro che li vale tutti, sia per gli eccellenti servizi offerti che per la professionalità dell'assistenza. Inoltre BlueHost offre lo stesso pannello di controllo di Netsons, e quindi ti verrà più facile interagire con esso.

SEGRETO n. 2: impara a installare WordPress prima su uno spazio web gratuito, poi, dopo aver acquisito esperienza, acquista uno spazio web a pagamento.

Una volta scelto il mezzo, passa al contenuto. Devi sapere che prima di mettere online un blog è d'obbligo fare un'attenta analisi e scelta delle parole chiave sulle quali basare la tua attività di blogger.

Questo passo è di importanza fondamentale e incide in modo determinate sulle possibilità di successo del tuo blog. Se non hai parole chiave ricercate, e quindi argomenti o nicchie attraenti per gli utenti, non avrai grande visibilità e, di conseguenza, il tuo blog fallirà.

Come scegliere le giuste parole chiave e la tua nicchia di mercato? Io utilizzo 2 differenti strumenti:

- il generatore di parole chiave di Google;
- Google Trends.

Il rinnovato e ormai famoso strumento di Google per trovare parole chiave è diventato imprescindibile per chi vuole avere un blog frequentato e avviare un ottimo business.

Parole chiave	Volume di ricerca approssimativo	Volume di ricerca medio approssimativo	Volume più elevato in	Tipo di corrispondenza: Esteso
Parole chiave correlate ai termini inseriti - ordinate per pertinenza				
web business	2.900	2.400	ott	Aggiungi
web business solutions	22	58	mar	Aggiungi
business web site	140	110	mag	Aggiungi
web design business	46	91	feb	Aggiungi
small business web	260	210	set	Aggiungi
web based business	73	73	mag	Aggiungi
business on web	22	36	mag	Aggiungi
web business solution	110	91	mar	Aggiungi
business web hosting	320	320	mag	Aggiungi
small business web hosting	140	140	giu	Aggiungi
business plan web	110	110	feb	Aggiungi
business sito web	Dati insufficienti	58	Nessun dato	Aggiungi
web 2.0 business	260	140	ott	Aggiungi
bds business web	Dati insufficienti	110	Nessun dato	Aggiungi
web templates business	Dati insufficienti	22	giu	Aggiungi
web tv business	Dati insufficienti	210	Nessun dato	Aggiungi
business model web	58	36	ott	Aggiungi
business intelligence web	140	91	ott	Aggiungi
sicilia business web	Dati insufficienti	28	Nessun dato	Aggiungi
web services business	140	110	giu	Aggiungi
web service business	110	46	ott	Aggiungi
banco di sicilia business web	Dati insufficienti	22	Nessun dato	Aggiungi
fast web business	Dati insufficienti	720	Nessun dato	Aggiungi
business spazio web	Dati insufficienti	36	Nessun dato	Aggiungi

Una volta inserita in questo strumento la parola chiave relativa al macro-settore nel quale vuoi investire – ad esempio «guadagnare online», «motivazione», «posizionamento sito» ecc. –, concentrati sulla prima colonna e lascia perdere il resto. Lo strumento genera tutti i micro-settori o nicchie rappresentati da parole chiave che hanno avuto almeno qualche migliaio di ricerche nel corso dell'anno. La recente "innovazione" sta nel fatto che mentre prima c'erano delle barrette colorate a indicare la quantità di ricerca per quella parola chiave, adesso ci sono i numeri. Quindi l'idea del numero di parole ricercate è più **realistica**, anche se rimane approssimativa.

SEGRETO n. 3: per analizzare il mercato di riferimento del tuo blog utilizza lo strumento di Google.

Questo strumento lo devi utilizzare innanzitutto per scegliere le parole chiave da inserire nel dominio (www.miodominio.com), per dare una mano alla tua visibilità online. Sulla scelta del dominio esiste da sempre un dilemma: è bene scegliere un dominio più lungo e che contenga parole chiave, oppure sceglierlo più breve e che possa essere ricordato più facilmente dagli utenti, creando in questo modo un **brand-domain**?

Quella di scegliere un dominio breve come un vero e proprio marchio è una giusta strategia, lo testimoniano i blog più famosi al mondo quali Problogger.com, JohnChow.com e anche BeppeGrillo.it.

La forza di questi blog non sta certo nel nome che hanno scelto ma nei contenuti proposti e hanno un seguito di persone enorme, tale che una persona che inizia adesso, o ha iniziato da poco, non può avere. Per questo ti consiglio di utilizzare la prima strategia: può dare risultati più immediati. Soltanto quando il tuo blog sarà abbastanza frequentato potrai passare alla creazione di un marchio specifico.

E poi sul web se non hai traffico non sei nessuno. È così che funziona. Io preferisco costruire un dominio ricco di parole chiave, ovviamente inerenti all'attività che voglio svolgere nel mio blog, piuttosto che scegliere un dominio più breve, perché anche se anche è facilmente memorizzabile mi può precludere inizialmente tante visite.

SEGRETO n. 4: inserisci le parole chiave all'interno del tuo dominio per avere più visite, poi, una volta acquisita una certa visibilità, passa alla creazione del marchio del tuo blog.

Quindi collegati allo strumento di Google e digita la parola chiave scelta per il tuo business, assicurati che abbia un buon seguito di ricerche e includila all'interno del tuo dominio. Se hai intenzione di includere nel tuo dominio più parole, inserisci tra ciascuna un trattino, in questo modo avrai maggiori possibilità di essere trovato dai motori di ricerca.

Utilizzo lo stesso strumento per inserire parole chiave all'interno degli articoli del mio blog. Esporta tutta la lista di termini ottenuti dalla ricerca cliccando su «*.csv (per Excel)*» e salva, in modo tale da creare una sorta di report con tutte le parole chiave classificate per numero di ricerche.

91   Aggiungi
320   Aggiungi
36   Aggiungi
Aggiungi tut (34) »
Scarica tutte le parole chiave: testo, .csv (per Excel), .csv
110   Aggiungi
590   Aggiungi

Ora apri il file con Microsoft Excel, ti ritroverai questa schermata:

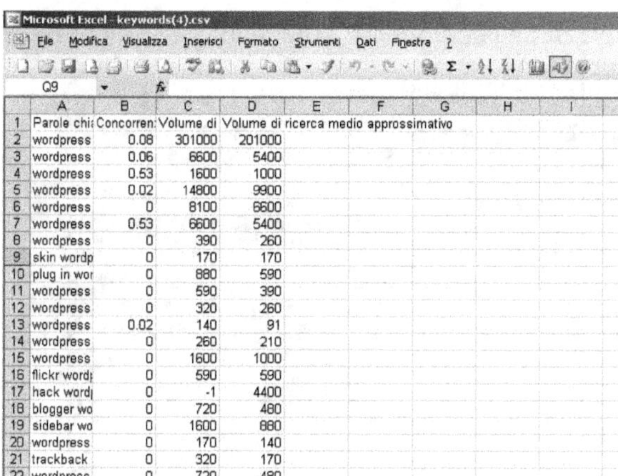

	A	B	C	D
	Parole chia	Concorren	Volume di	Volume di ricerca medio approssimativo
2	wordpress	0.08	301000	201000
3	wordpress	0.06	6600	5400
4	wordpress	0.53	1600	1000
5	wordpress	0.02	14800	9900
6	wordpress	0	8100	6600
7	wordpress	0.53	6600	5400
8	wordpress	0	390	260
9	skin wordp	0	170	170
10	plug in wor	0	880	590
11	wordpress	0	590	390
12	wordpress	0	320	260
13	wordpress	0.02	140	91
14	wordpress	0	260	210
15	wordpress	0	1600	1000
16	flickr word	0	590	590
17	hack word	0	-1	4400
18	blogger wo	0	720	480
19	sidebar wo	0	1600	880
20	wordpress	0	170	140
21	trackback	0	320	170
22	wordpress	0	720	480

Elimina la colonna B e la colonna C e allarga le colonne «Parole chiave» e «Volume di ricerca medio approssimativo» in maniera tale da avere questo risultato:

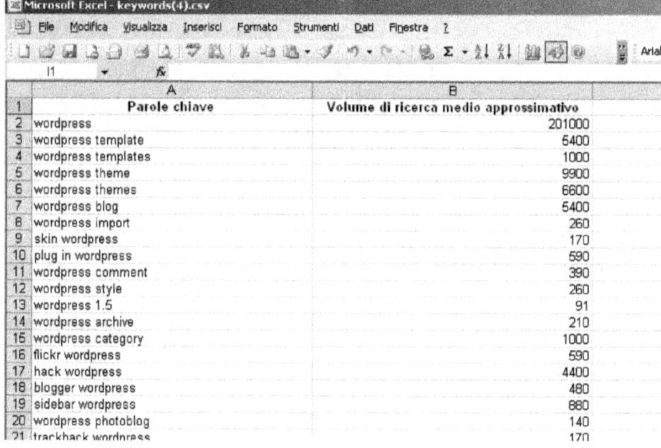

	A	B
1	Parole chiave	Volume di ricerca medio approssimativo
2	wordpress	201000
3	wordpress template	5400
4	wordpress templates	1000
5	wordpress theme	9900
6	wordpress themes	6600
7	wordpress blog	5400
8	wordpress import	260
9	skin wordpress	170
10	plug in wordpress	590
11	wordpress comment	390
12	wordpress style	260
13	wordpress 1.5	91
14	wordpress archive	210
15	wordpress category	1000
16	flickr wordpress	590
17	hack wordpress	4400
18	blogger wordpress	480
19	sidebar wordpress	880
20	wordpress photoblog	140
21	trackback wordpress	170

Adesso seleziona la colonna B contenente il numero delle ricerche e premi sulla seguente icona:

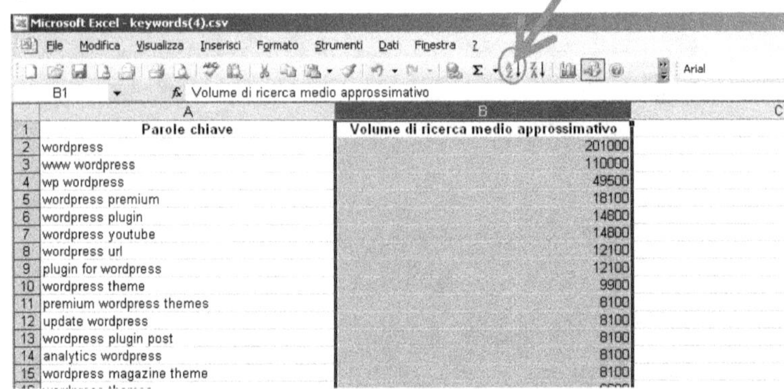

Clicca su «Ordina»:

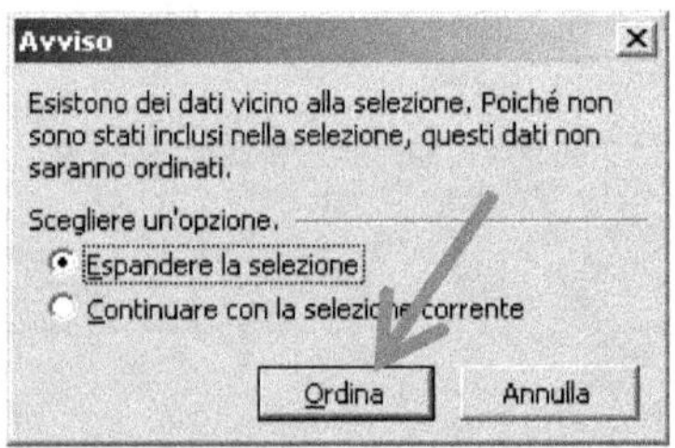

Ed ecco, hai un report dettagliato, ordinato con le parole chiave che ottengono le maggiori ricerche, dalla più ricercata alla meno ricercata. Stampa questo documento, e per te sarà molto più facile e immediato concentrarti sulle parole chiave che hanno maggiori ricerche e avere sempre sotto i tuoi occhi il mercato di riferimento con tutte le Keyword a disposizione.

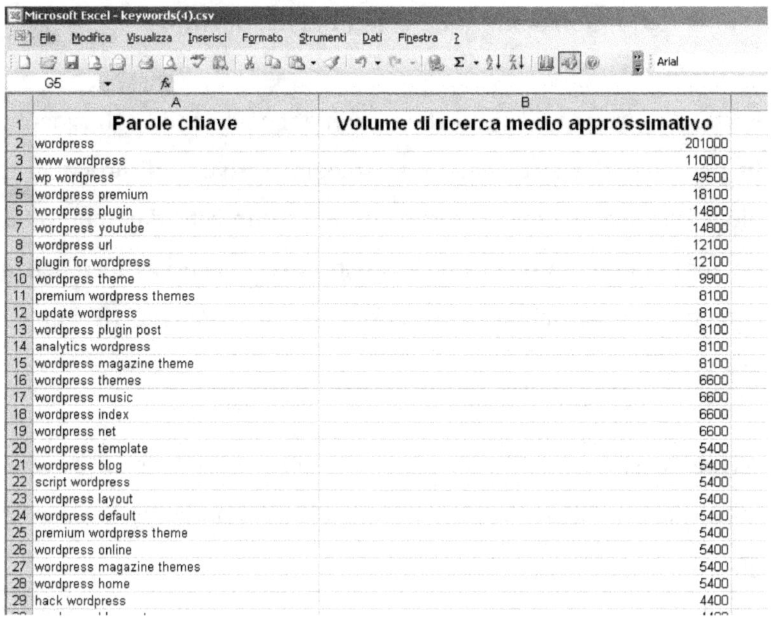

Questa strategia ha un valore infinito poichè, ti ripeto, ti consente di avere una visione generale del tuo mercato di riferimento e potrai puntare sulle parole chiave veramente rilevanti, lasciando da parte il resto.

SEGRETO n. 5: integra l'utilizzo dello strumento di Google per cercare parole chiave con Microsoft Excel per creare report dettagliati sulla tua nicchia di riferimento.

Esiste un secondo dibattito che riguarda il contenuto degli articoli. In particolare ci si chiede se sia meglio scrivere gli articoli sul blog allo scopo di essere trovati più facilmente dai motori di ricerca, oppure scrivere per la gente, per i propri lettori, senza curarsi di parole chiave, di densità di parole chiave rispetto al testo ecc.

A mio parere si può fare l'uno e l'altro, basta sapere dove e quante parole chiave mettere, e soprattutto non esagerare con la quantità.

La prima cosa da fare in assoluto è includere le parole chiave scelte per il tuo blog all'interno della **tagline**. La tagline è la frase che viene generalmente inserita sotto il titolo del blog e assolve contemporaneamente a due funzioni essenziali:
- attirare l'attenzione dei visitatori;
- descrivere in breve l'attività svolta dal blog.

La prima funzione è molto importante poiché la tagline trasmette un messaggio ai visitatori sul contenuto del blog molto più del semplice titolo. Devi sapere che tutti i visitatori occasionali (non quelli abituali che già ti conoscono) decidono se stare in una pagina web o abbandonarla in una manciata di secondi. Per questo è importantissimo dare un messaggio significativo che abbia un impatto sui visitatori e li persuada a rimanere.

Perché includere le parole chiave nella tagline? Perché quest'ultima viene presa sempre in considerazione dai motori di ricerca, essendo situata nella parte superiore della pagina web. Infatti i motori di ricerca danno maggiore rilevanza ai contenuti che si trovano nella parte superiore della pagina piuttosto che a quelli situati nella parte inferiore.

Un consiglio prezioso: immagina la tagline del tuo blog come un messaggio pubblicitario che sia in grado di invogliare i tuoi visitatori a rimanere nel blog e a leggerne i contenuti. La tagline la puoi modificare andando su "impostazioni" e modificando il "motto" (termine utilizzato dai traduttori di WordPress in italiano):

SEGRETO n. 6: inserisci nella tagline le parole chiave relative al tuo blog, perché essa viene presa sempre in considerazione dai motori di ricerca.

Per quanto riguarda gli articoli del tuo blog, per cominciare, le parole chiave vanno inserite nel titolo dell'articolo; questo è fondamentale, visto che i motori di ricerca prendono in considerazione per prima cosa le parole contenute nel titolo.

Mettiamo che la tua parola chiave sia «vendita libri scolastici», dovrai formulare un titolo del genere: ***Vendita libri scolastici a metà prezzo...*** Ricordati di limitarti a inserire solo una parola chiave per ogni titolo. A tal proposito, utilizzando WordPress per il tuo blog, cosa che ti consiglio vivamente di fare, modifica la struttura dei permalink di cui ti ho parlato sopra seguendo questi passi:

1. Vai su «Impostazioni» dal pannello di controllo di WordPress:

2. Clicca su «Permalink»:

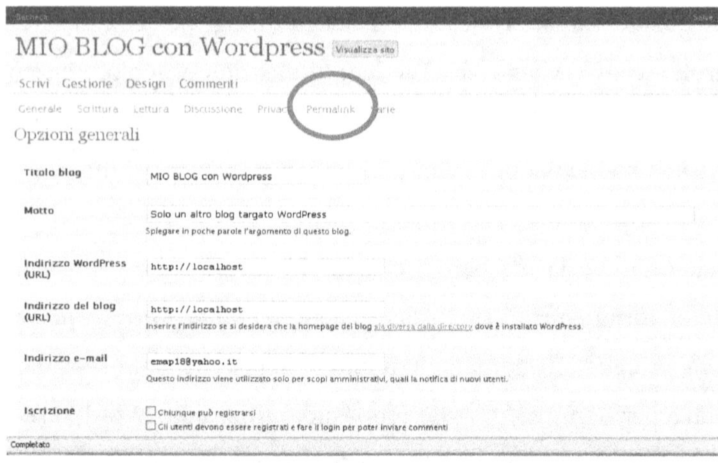

3. Seleziona l'opzione «Struttura personalizzata» e scrivi i seguenti comandi: *%category%* e *%postname%* separato da / e clicca su «Salva modifiche»:

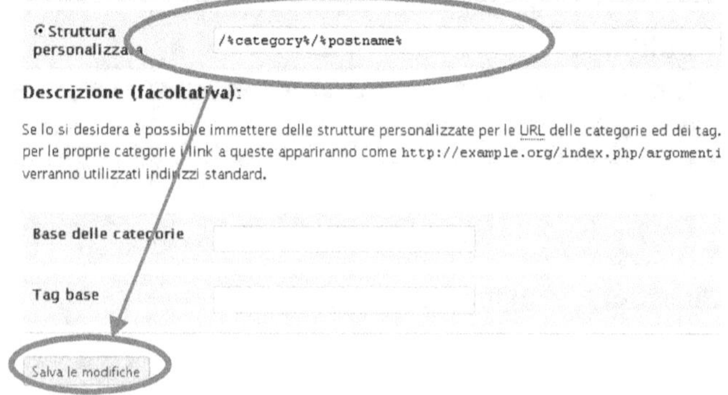

Questo procedimento è molto importante, anzi direi fondamentale, per "ancorare" i motori di ricerca ai tuoi articoli, infatti attivando questa opzione un tuo articolo intitolato, ad esempio, *Vendita libri scolastici* avrà la seguente struttura:

"**http://www.tuosito.com/categoria/vendita-libri-scolastici/**"

e non: **http://www.tuosito.com/?p=5**, come impostato originariamente da WordPress. Puoi convenire con me che Google indicizzerà al 100% l'articolo strutturato nel primo modo e, ti assicuro, questo non succederà con la seconda struttura, che non vuol dire assolutamente niente.

SEGRETO n. 7: modifica la struttura dei permalink del tuo blog per "ancorare" i motori di ricerca ai tuoi articoli.

Per scrivere il tuo primo articolo in WordPress basta cliccare su *Scrivi > Scrivi articolo* e poi su «Pubblica» per pubblicare l'articolo:

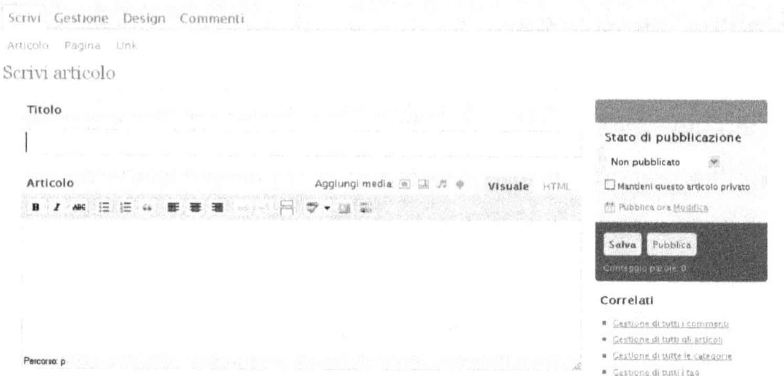

La lunghezza di un articolo non deve mai superare le **250/300 parole**, poiché articoli troppo lunghi scoraggiano i lettori e minano la leggibilità del blog; ogni articolo deve essere **essenziale**, niente manfrine o prolungamenti noiosi. Cerca anche di mantenere l'intero articolo in **una sola schermata**, senza costringere l'utente a scorrere verso il basso per continuare a leggere. Se hai argomenti che richiedono molto testo, dividi l'articolo in **due o più parti** da pubblicare in due giorni diversi.

Detto questo, inserisci ogni parola chiave scelta entro la fine del primo paragrafo e spargila nel resto dell'articolo. Ricordati che ogni inserimento della tua parola chiave deve avere senso nel contesto dell'articolo, quindi non esagerare.

SEGRETO n. 8: struttura i tuoi articoli con la giusta lunghezza e inserisci le parole chiave all'inizio dell'articolo e spargile, senza esagerare, nel resto del testo.

Il secondo strumento è Google Trends. A differenza del primo non genera Keywords, mostra piuttosto l'evoluzione e l'andamento di tutti i termini chiave su Google. Come opzione di default Google Trends ti fa vedere l'andamento delle ricerche a livello globale ma puoi restringere il campo di ricerca all'Italia. Ad esempio, è molto interessante confrontare l'andamento della ricerca per la parola «cellulare» con quello per la parola «telefonino» in Italia:

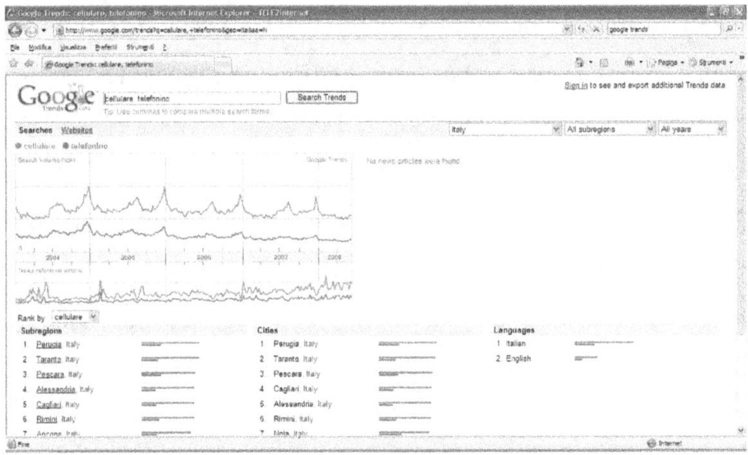

La comparazione di due o più termini attraverso Google Trends è molto facile: basta scrivere nella casella di ricerca ciascun termine separato da una virgola. Questo strumento ti sarà molto utile se ti trovi insicuro riguardo a due o più parole chiave, infatti potrai fare un'analisi comparata dei trend, capire quale parola chiave ha l'andamento più costante e maggiore, e investire su di essa.

SEGRETO n. 9: utilizza Google Trends per confrontare l'andamento delle ricerche di più parole chiave.

Esiste un'estensione (plugin) di WordPress che ti faciliterà di molto l'inserimento delle parole chiave e ti sarà fondamentale per il posizionamento del tuo blog su Google e su gli altri motori di ricerca; mi riferisco a *All in One SEO Pack*. Scarica questo plugin in italiano andando su All in one seo plugin.

Questa estensione si occuperà di ottimizzare il tuo blog dal punto di vista, importantissimo, del SEO, secondo me definibile come la vera e propria arte di «far trovare ciò che vuoi ai motori di ricerca... e farlo trovare possibilmente in prima pagina».

All in One Seo Pack inserirà automaticamente all'interno del codice HTML del tuo blog i fondamentali **meta tag** letti dagli spider dei motori di ricerca. In particolare, questo plugin si occupa dell'ottimizzazione di:

- titoli delle pagine del blog;

- Meta Description (descrizione del blog);

- Meta Keywords (parole chiave scelte per posizionare il tuo blog);

- struttura automatica dei titoli degli articoli.

Vediamo come installare e impostare questo importante plugin:

1. Dopo aver scaricato il file, estrai il contenuto dell'archivio all'interno del tuo computer. A questo punto devi inserirlo all'interno della cartella «Plugin» contenuta nei file di WordPress. Quindi apri FileZilla e collegati all'indirizzo attraverso il quale hai caricato online WordPress.

2. Una volta collegato, poni la tua attenzione al lato destro di FileZilla, dove sono contenuti i file di WordPress che hai caricato online:

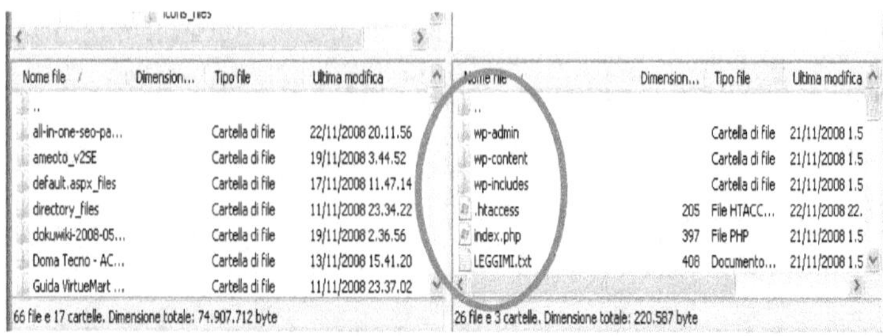

Segui questo percorso per arrivare alla cartella «Plugin»: *Wp-content>plugins*; a questo punto trascina la cartella del plugin estratto dall'archivio all'interno della cartella «Plugin», come mostrato nell'immagine seguente:

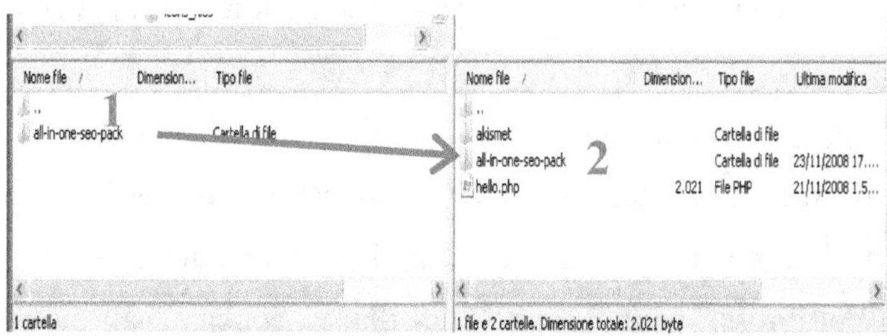

3. Adesso devi attivare dal pannello di controllo di WordPress questo plugin andando in «Plugin»:

Clicca su «Attiva» per attivare il plugin *All in One SEO pack*:

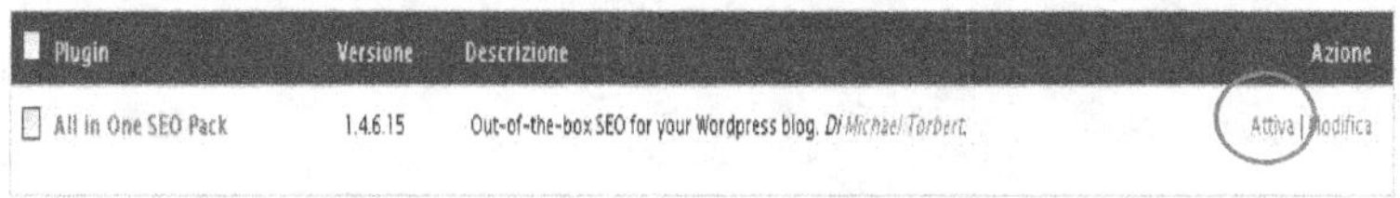

4. Adesso puoi impostare questo straordinario strumento da *Impostazioni > All in one SEO*. Vediamo come impostare al meglio questo plugin:

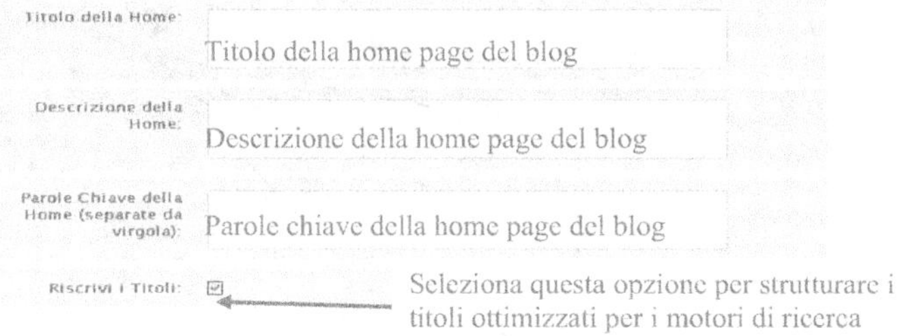

5. Ricopia i parametri che trovi sotto nelle impostazioni del tuo plugin:

Formato del Titolo dei Post:	%post_title%
Formato del Titolo della Pagina:	%page_title%
Formato del Titolo della Categoria:	%category_title% | %blog_title%
Formato del Titolo dell'archivio:	%date% | %blog_title%
Formato del Titolo del Tag:	%tag%
Titolo del Formato della Ricerca:	%search% | %blog_title%
Formato della Descrizione:	%description%
Formato del Titolo della pagina 404	Nessun risultato trovato per %request_words%
Formato del Titolo della Pagina:	- Part %page%
Usa le Categorie per le parole chiave META:	☐
Usa noindex per le Categorie:	☑
Usa noindex per gli Archivi:	☑
Usa noindex per gli Archivi dei Tag	☑
Genera automaticamente le descrizioni:	☑

Per il resto lascia vuoto e clicca su «Aggiorna le Opzioni»:

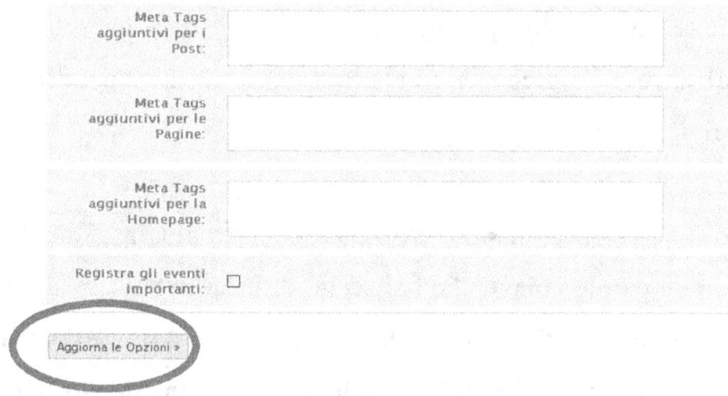

Potrai anche selezionare queste preferenze, personalizzando ciascun articolo con il titolo, la descrizione e le parole chiave scelte da te:

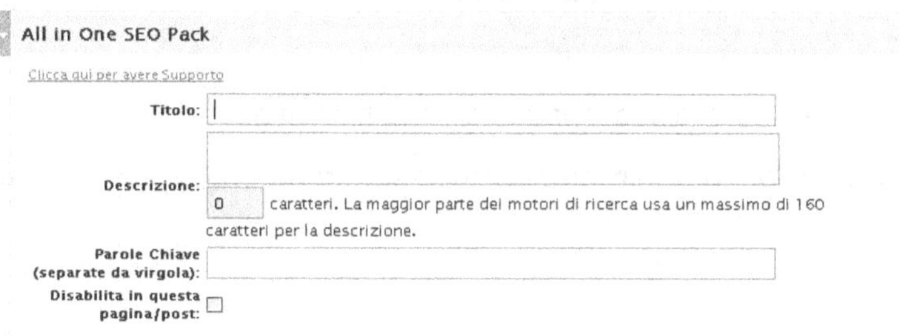

Questi parametri compariranno nel codice HTML della home page del tuo blog e saranno visibili nei risultati dei motori di ricerca. All in One Seo interviene esclusivamente all'interno del codice HTML delle pagine del tuo blog, con lo scopo di **ottimizzare il codice** per renderlo maggiormente appetibile ai motori di ricerca.

La cosa che ti raccomando, utilizzando questo plugin, è quella di ripetere le parole chiave che hai scelto di inserire nel tuo articolo all'interno del plugin; ma fai sempre attenzione a **non esagerare con la quantità, altrimenti il tuo blog verrà considerato molto male dai motori di ricerca.**

SEGRETO n. 10: utilizza *All in One Seo pack* per ottimizzare il tuo blog per i motori di ricerca.

Vediamo adesso le pratiche fondamentali per assicurarti l'indicizzazione delle pagine del tuo blog nel minor tempo possibile.

La prima cosa che devi fare è segnalare la presenza del tuo blog a Google, il più importante ed efficace motore di ricerca al mondo. Sebbene il miglior modo per essere indicizzati subito da Google sia essere linkati (ossia ricevere dei collegamenti da altri siti che puntano al tuo sito), è buona norma segnalare la creazione del tuo blog, e quindi del tuo dominio, a Google tramite questa pagina http://www.google.it/addurl/.

Facci conoscere il tuo sito.

Aggiungiamo all'indice nuovi siti o aggiorniamo quelli già presenti ogni volta che effettuiamo la scansione del web e ti invitiamo a inviarci l'URL del tuo sito. Non aggiungiamo all'indice tutti i siti che ci vengono suggeriti e non facciamo previsioni né forniamo garanzie su quando e se un sito verrà aggiunto.

Inserisci l'URL che desideri aggiungere, comprensivo del prefisso http:// . Ad esempio: http://www.google.it/. Se lo desideri, puoi aggiungere commenti o parole chiave che descrivono i contenuti della tua pagina. Verranno utilizzati solo a titolo informativo per uso interno e non avranno alcun effetto su come la pagina viene indicizzata o utilizzata da Google.

Nota. Occorre indicare solo la pagina di livello più alto su un host, non è necessario aggiungere tutte le pagine. Il nostro crawler, Googlebot, è in grado di trovare le altre pagine. Google aggiorna il suo indice periodicamente, pertanto non occorre segnalare i link aggiornati o non più utilizzati. I link non più utilizzati "scompariranno" dall'indice dopo la prossima scansione, quando aggiorneremo nuovamente l'intero indice.

URL:

Commenti:

Facoltativo: Per aiutarci a distinguere tra i siti suggeriti da persone e quelli suggeriti automaticamente da software, digita le lettere deformate mostrate nel riquadro sottostante.

Aggiungi URL

SEGRETO n. 11: inserisci nell'apposita pagina web l'indirizzo del tuo blog per segnalarlo a Google.

La seconda pratica riguarda l'utilizzo di un plugin destinato a ottimizzare l'indicizzazione e il posizionamento del tuo blog con WordPress; si tratta di *Google XML Sitemaps Generator*, che si occupa di creare un mappa del tuo blog e inviarla in **maniera automatica** a Google. Per scaricarlo clicca qui.

In questo caso l'utilizzo del plugin è davvero molto facile da configurare, infatti ti basta scaricarlo, attivarlo, andare su *Impostazioni > XML-Sitemap* e cliccare su «Create sitemap». A questo punto il plugin creerà automaticamente un file (avente questo percorso www.*tuosito*.com/sitemap.xml) che invierà a Google, MSN e Ask e aggiornerà in maniera automatica.

SEGRETO n. 12: utilizza il plugin *Google XML Sitemaps Generator* per ottimizzare il processo di posizionamento del tuo blog.

La terza cosa da fare è analizzare e velocizzare il procedimento di indicizzazione del tuo blog utilizzando gli <u>strumenti per webmaster</u> offerti da Google:

«Procedura guidata stato sito» è un modo molto veloce per verificare se le pagine del tuo blog sono indicizzate da Google. «Strumenti per i Webmaster» raggruppa una serie di strumenti offerti da Google per segnalare a Google stesso la presenza del tuo nuovo dominio e analizzare le informazioni che ha sul tuo sito. Per utilizzarli ti basta avere un account Google (se non lo possiedi registrati subito su Google) e potrai usufruirne in maniera totalmente gratuita.

Vediamo il procedimento per la verifica del tuo dominio su Google:

1. Entra in «Strumenti per i Webmaster» inserendo email e password e cliccando su «Accedi»:

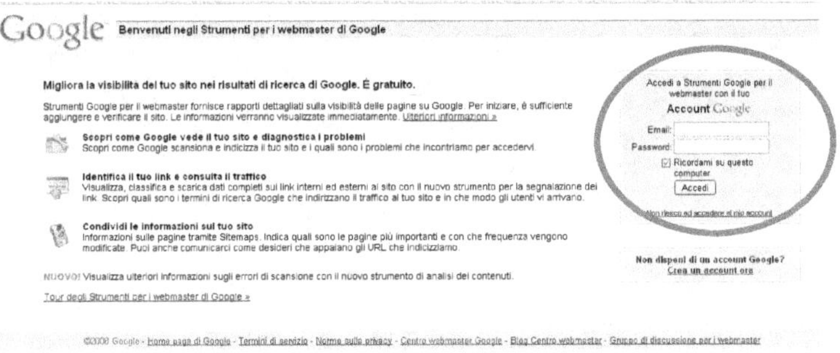

2. Inserisci l'indirizzo del tuo sito e clicca su «Aggiungi sito»:

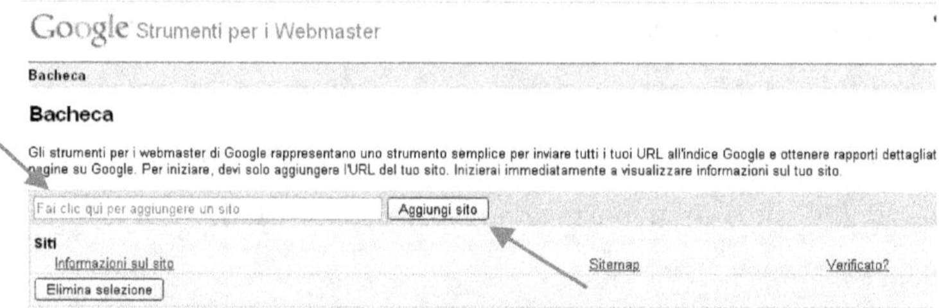

3. La fase successiva è quella di verificare il tuo dominio, ossia di dimostrare a Google che il dominio inserito è effettivamente di tua proprietà, quindi clicca su «Verifica il tuo sito»:

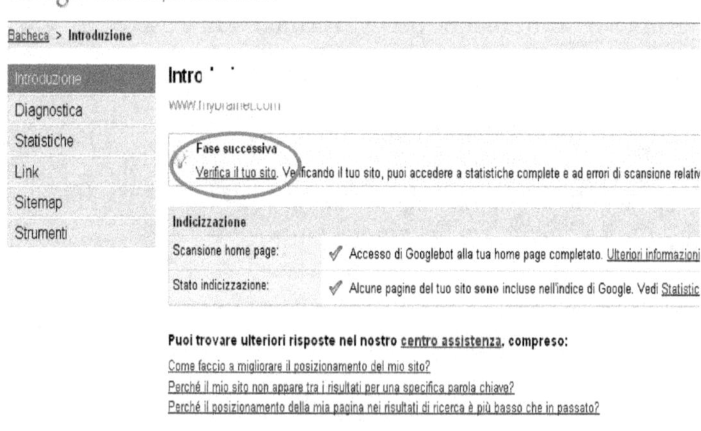

4. A questo punto scegli il metodo di verifica tra «Aggiungi meta tag» e «Carica file HTML». Io ti consiglio il secondo metodo perché è molto immediato. Selezionando questo secondo metodo Google ti chiederà di inserire un file, generalmente chiamato google2969a399a0c54b76.html, all'interno del tuo spazio web:

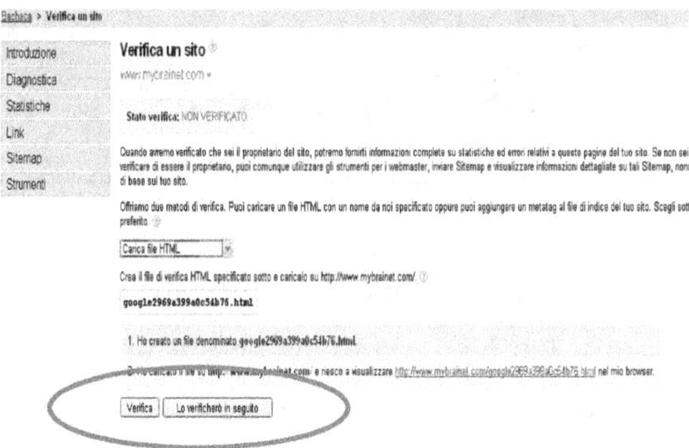

È molto facile creare un file del genere, basta aprire il blocco note da *Start > Programmi > Accessori > Blocco note* e dare a un documento vuoto il nome «google2969a399a0c54b76.html» e salvandolo come «Tutti i file».

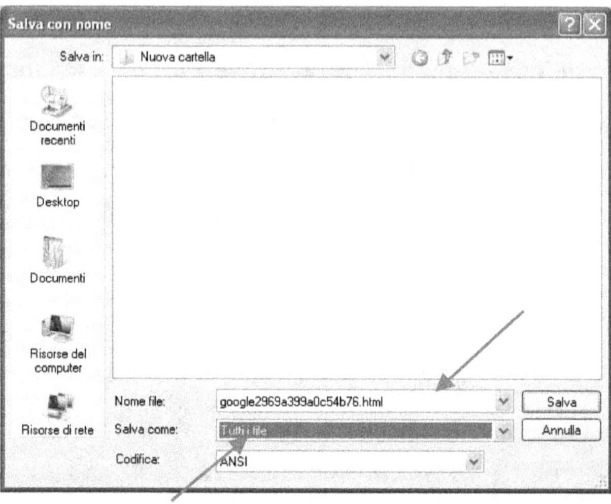

5. A questo punto apri Filezilla, connettiti allo spazio web su cui hai caricato il tuo blog e trascina questo file all'interno della directory principale del tuo sito (dove hai installato le cartelle di WordPress):

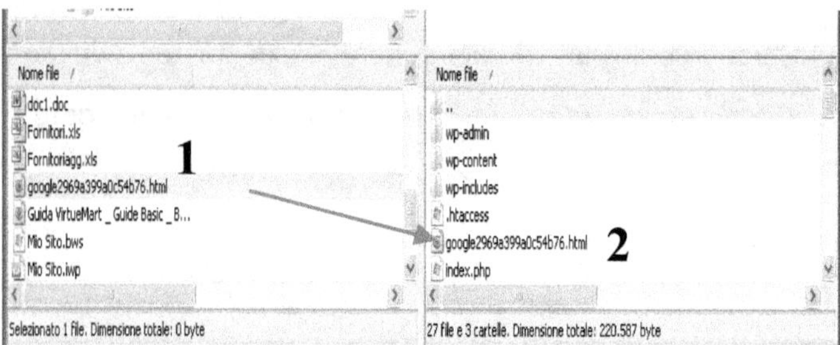

6. Dopo aver caricato il file all'interno del tuo spazio web, clicca su «Verifica» per confermare:

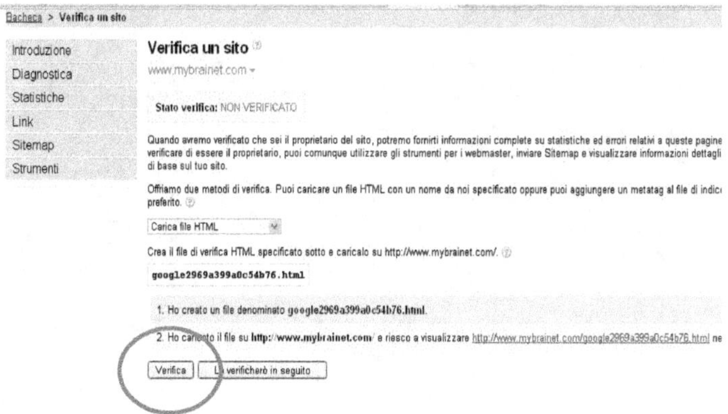

Adesso puoi utilizzare tutti gli interessanti servizi che offre Google per **ottimizzare l'indicizzazione e il posizionamento** del tuo sito, tra i quali analisi delle pagine del tuo blog, statistiche dettagliate sulle parole chiave utilizzate dagli utenti per cercare il tuo blog, ottimizzazione codice e molto altro ancora.

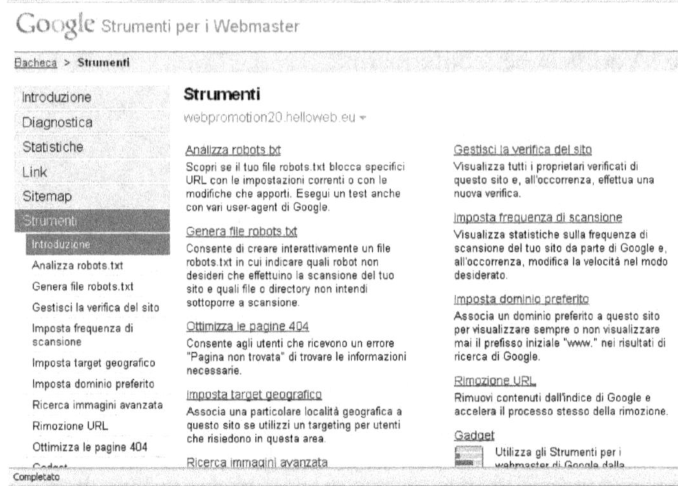

Nel terzo capitolo ti illustrerò come completare il processo di posizionamento del tuo blog con il metodo RoboList.

SEGRETO n. 13: utilizza gli strumenti di *Google Web Master* per ottimizzare l'indicizzazione del tuo blog.

RIEPILOGO DEL CAPITOLO 1:

- SEGRETO n. 1: utilizza WordPress per la gestione professionale del tuo blog

- SEGRETO n. 2: impara a installare WordPress prima su uno spazio web gratuito, poi, dopo aver acquisito esperienza, acquista uno spazio web a pagamento.

- SEGRETO n. 3: per analizzare il mercato di riferimento del tuo blog utilizza lo strumento di Google.

- SEGRETO n. 4: inserisci le parole chiave all'interno del tuo dominio per avere più visite, poi, una volta acquisita una certa visibilità, passa alla creazione del marchio del tuo blog.

- SEGRETO n. 5: integra l'utilizzo dello strumento di Google per cercare parole chiave con Microsoft Excel per creare report dettagliati sulla tua nicchia di riferimento.

- SEGRETO n. 6: inserisci nella tagline le parole chiave relative al tuo blog, perché essa viene presa sempre in considerazione dai motori di ricerca.

- SEGRETO n. 7: modifica la struttura dei permalink del tuo blog per "ancorare" i motori di ricerca ai tuoi articoli.

- SEGRETO n. 8: struttura i tuoi articoli con la giusta lunghezza e inserisci le parole chiave all'inizio dell'articolo e spargile, senza esagerare, nel resto del testo.

- SEGRETO n. 9: utilizza Google Trends per confrontare l'andamento delle ricerche di più parole chiave.

- SEGRETO n. 10: utilizza *All in One Seo pack* per ottimizzare il tuo blog per i motori di ricerca.

- SEGRETO n. 11: inserisci nell'apposita pagina web l'indirizzo del tuo blog per segnalarlo a Google.

- SEGRETO n. 12: utilizza il plugin *Google XML Sitemaps Generator* per ottimizzare il processo di posizionamento del tuo blog.

- SEGRETO n. 13: utilizza gli strumenti di *Google Web Master* per ottimizzare l'indicizzazione del tuo blog.

GIORNO 2:

Creare un blog di successo (2ª parte)

Visto che ti ho parlato di WordPress, la più efficiente piattaforma che consente di creare un blog professionale, ti voglio parlare di come testare e impostare il tuo blog in maniera **gratuita** in locale, ossia all'interno del tuo computer, prima di acquistare il tuo nuovo dominio professionale.

Prima di approfondire nella pratica questo argomento, voglio farti capire perché è importante testare e impostare il tuo blog prima di pubblicarlo definitivamente online su un dominio professionale. Testare il blog, specie se è la prima volta che lavori con WordPress, è **fondamentale** perché:

1. hai il tempo di prendere confidenza con il software e di scoprirne piano piano i pregi, senza l'assillo di scrivere e pubblicare a tutti i costi pur non conoscendo le effettive impostazioni e ottimizzazioni;

2. hai modo di provare i vari template (modelli grafici per cambiare l'aspetto visivo di WordPress, ne puoi scaricare e provare migliaia da WpThemesFree.com), plugin, titoli, articoli, elementi del blog, impostazioni di WordPress finché non trovi le soluzioni che più ti soddisfano di più;

3. terza cosa, forse la più importante, constatando visivamente le impostazioni adottate potrai modificare tutto ciò che riguarda il tuo blog, e quando giungerai alla conclusione potrai caricare tutta la cartella di WordPress (personalizzato durante le prove) sul tuo dominio, senza provare e riprovare 3000 volte a caricare nuovi file e impostazioni sullo spazio web. Qui lo fai una sola volta, ci metti il tempo che ci vuole e poi lo carichi online **una volta per tutte**, con evidente risparmio di **tempo** e **fatica**.

Vediamo i passi per far funzionare il tuo blog in WordPress all'interno del tuo computer, ripeto, in maniera totalmente gratuita. Esiste un programma davvero eccezionale e utilissimo per testare il tuo blog con WordPress, si chiama *EasyPHP* e permette di "simulare" all'interno del tuo pc il server *Apache* e il database *MySQL*, due elementi fondamentali per il funzionamento di WordPress.

Vediamo i passi da seguire per impostare il software:

1. Collegati a internet e scarica *EasyPHP*.
2. Clicca sull'icona per attivare l'installazione:

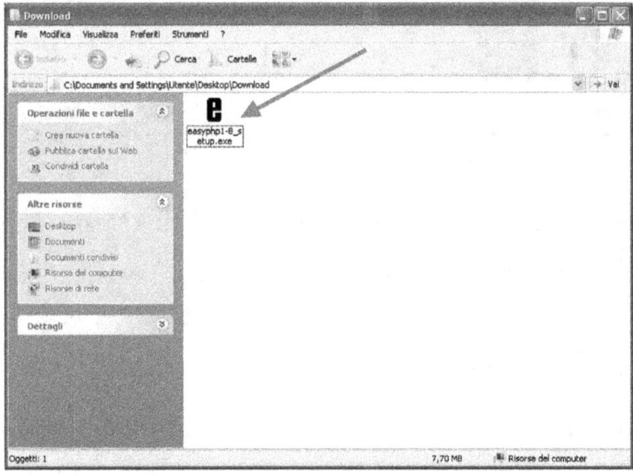

3. Scegli la lingua:

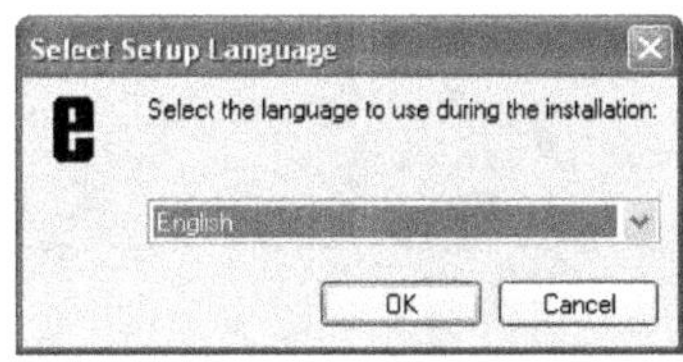

4. Inizia l'installazione cliccando su «Next»:

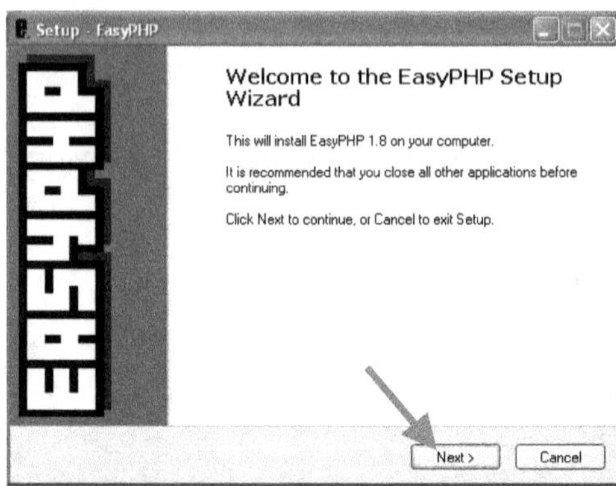

5. Accetta le condizioni e continua a cliccare su «Next» fino ad arrivare a «Install»; clicca anche per iniziare l'installazione:

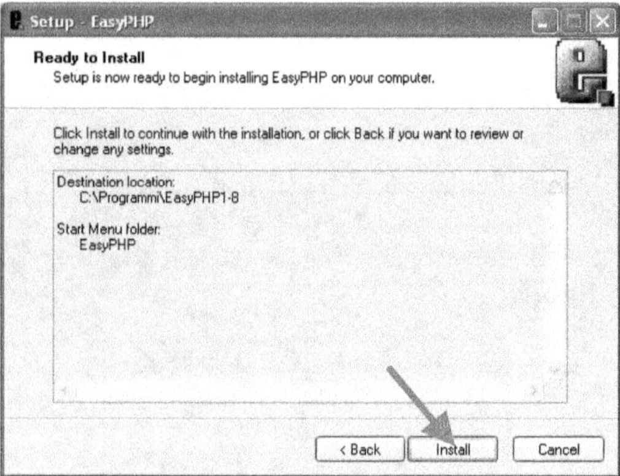

6. A questo punto clicca su «Finish» e *EasyPHP* partirà automaticamente:

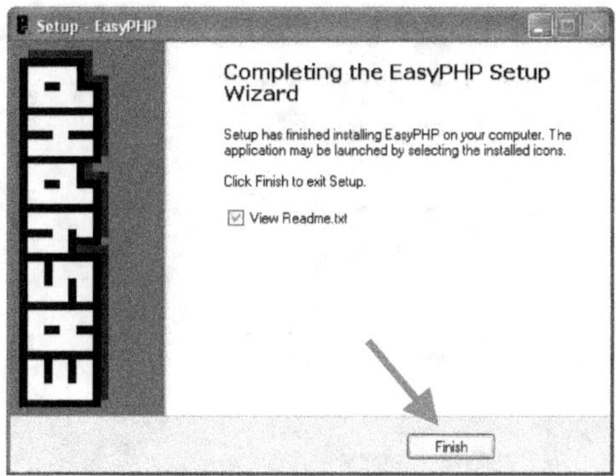

L'interfaccia del programma è molto intuitiva, infatti la luce verde del semaforo ti avviserà che sia il server *Apache* che il database *MySQL* sono attivi e contemporaneamente si attiverà un icona lampeggiante sulla barra delle applicazioni:

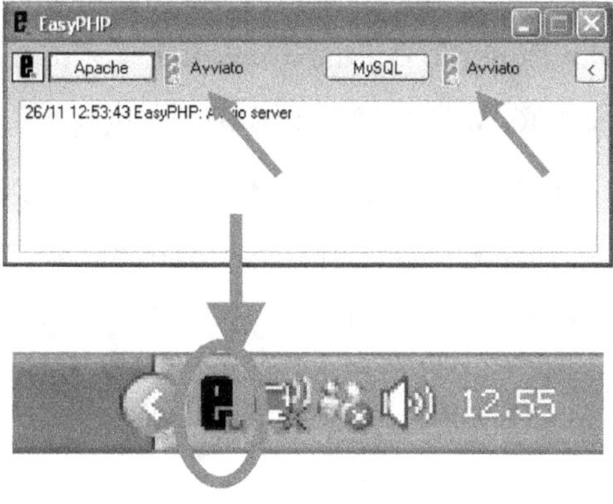

7. Estrai il contenuto della cartella di WordPress nella cartella «www» presente in *C:\Programmi\EasyPHP1-8*:

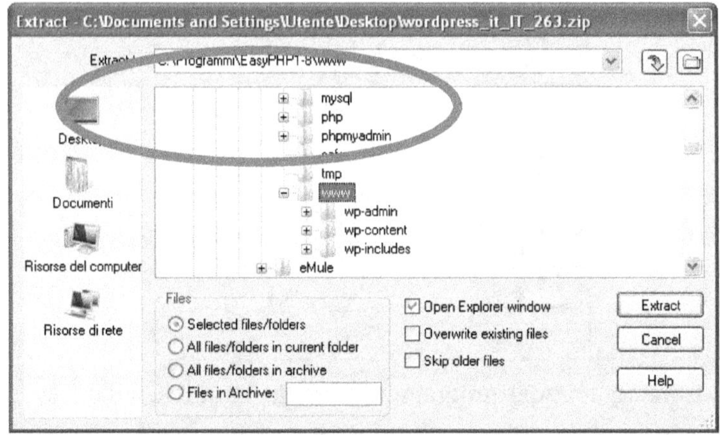

Ora, una volta attivato EasyPHP ed estratti i file di WordPress nella cartella specificata sopra, puoi finalmente utilizzare WordPress all'interno del tuo computer. Per prima cosa apri il tuo browser (io utilizzo Firefox 3) e digita all'interno della barra degli indirizzi la parola «localhost» e premi «Invio» (N.B. non è necessario collegarti a internet):

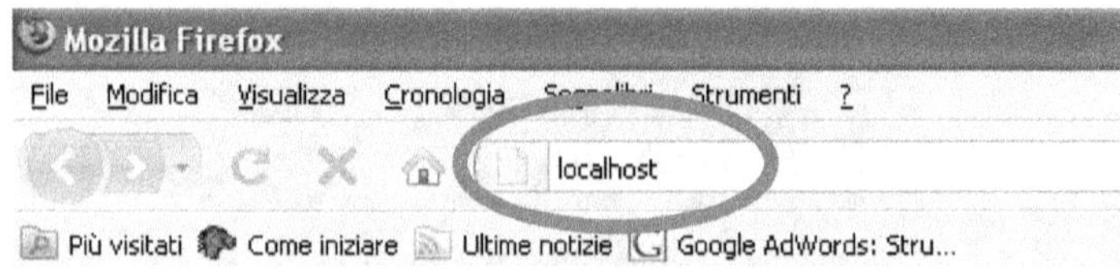

Il browser ti indirizzerà a una pagina con questo avviso; clicca su «Crea un file di configurazione»:

Verrà visualizzata una pagina all'interno della quale sono contenute le istruzioni; non preoccuparti: ti guiderò io. Clicca, all'interno di questa pagina, su «iniziamo» (in basso a destra), per configurare WordPress:

A questo punto devi compilare le impostazioni del tuo blog, come se si trattasse un'installazione vera e propria; la differenza è che qui lo fai automaticamente, mentre nell'installazione online lo devi fare manualmente poiché è più sicuro. Procediamo a compilare il modulo:

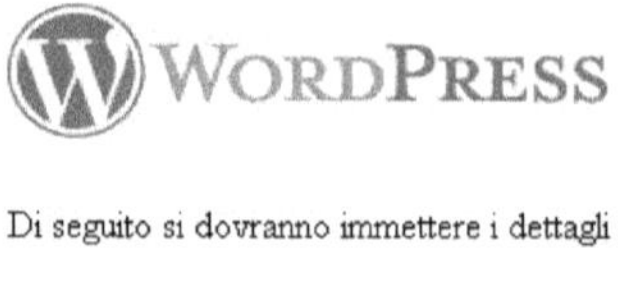

Dopo aver inserito i dati come descritto nell'immagine sopra, clicca su «Invia» e inizierà l'installazione del blog in locale; fai tutti i passaggi che abbiamo già visto prima finché non giungi in *Bacheca*. Adesso puoi **gestire, modificare, testare** il tuo blog con WordPress e valutare queste modifiche in **modalità visiva**, semplicemente cliccando su «Visualizza sito» (N.B.: ricordati di salvare prima le modifiche):

Se hai intenzione di scaricare risorse dovrai inserirle all'interno del percorso: *C:\Programmi\EasyPHP1-8\www*. Ad esempio, se vuoi inserire un nuovo modello grafico il percorso è: *C:\Programmi\EasyPHP1-8\www\wp-content\themes*; stessa cosa per i plugin, il percorso sarà: *C:\Programmi\EasyPHP1-8\www\wp-content\plugins*.

SEGRETO n. 14: utilizza *Easy-PHP* per personalizzare il tuo blog con WordPress in locale e caricarlo facilmente sul tuo spazio web.

Adesso vediamo i segreti dell'*internet marketing* applicati al blog. Per cominciare scegli per il tuo blog un argomento **di nicchia**, questo per due motivi:

- **Target visite**: la tipologia di visitatori che legge il tuo blog deve essere selezionata, ossia deve appartenere a quel settore che, specificatamente, hai scelto per la tua attività. Questi visitatori saranno maggiormente propensi a iscriversi ai tuoi feed e newsletter o a spendere denaro per un prodotto specifico che offri solo sul tuo sito/blog.

- **Tempo**: gestire *professionalmente* un blog porta via un sacco di tempo. Non uscire fuori dalla tua nicchia, iniziando a parlare di altri argomenti, altrimenti perderai tempo prezioso che porterai via all'ottimizzazione del tuo blog.

È fondamentale che la nicchia che scegli sia quella giusta. **Ma attenzione!** La **nicchia giusta** è quella che ti appassiona, che ti fa restare sveglio tutta la notte e ancora di più. Quindi scegli di parlare di ciò che senti più tuo, dimostrando autorevolezza e voglia di imparare. Ricordati che qualsiasi argomento sceglierai ci saranno sempre centinaia di persone con cui condividerlo.

SEGRETO n. 15: concentrati su una nicchia che rappresenta la tua passione e dedica il tuo tempo solo all'ottimizzazione del tuo blog.

Scegli per il tuo blog un dominio professionale a pagamento, non accontentarti dello spazio gratuito del tipo *xxxxxx.qualchesito.com*, ma utilizza *www.mioblog.com*. In alternativa, se possiedi già un sito, puoi implementare il blog al suo interno.

Per esempio, puoi inserire il blog creando una nuova cartella sulla root del sito come: *www.miosito.com/blog*. Questa prima soluzione è consigliabile se il tuo sito ha già un buon grado di posizionamento nei motori di ricerca poiché i benefici acquisiti dal sito principale andranno a influire positivamente sulle cartelle interne. Oppure, un'atra soluzione è quella di creare un sottodominio tipo: *blog.miosito.com*. Questa seconda soluzione è ideale se vuoi distinguere in maniera netta il blog dal sito tradizionale. Anche dal punto di vista dei motori di ricerca, i sottodomini vengono generalmente considerati come domini a sé, quindi non collegati con il sito "madre".

SEGRETO n. 16: acquista per il tuo blog un dominio, o se possiedi già un dominio inserisci il blog in una cartella del tuo sito o crea un sottodominio.

Un'altra strategia è quella di inserire all'interno del tuo blog due elementi fondamentali, che sembrano banali ma possono fare la differenza, e cioè **l'indirizzo email** e il **numero di telefono**. Ad oggi tra i blog visti ne ho notati pochissimi che abbiano entrambi gli elementi in vista. Questi accorgimenti permetteranno di essere rintracciabile ovunque ti trovi e, metti caso una persona sia interessata al tuo progetto e voglia fare qualcosa con te, ti potrà contattare privatamente.

SEGRETO n. 17: inserisci all'interno del tuo blog email e numero di telefono, così da poter essere contattato facilmente dai tuoi lettori.

L'attività più importante che devi svolgere, se vuoi un blog di successo, è quella di riempire di contenuti il tuo blog ogni giorno. Dai tanti libri e guide lette sui blog questo è sicuramente l'aspetto maggiormente citato. Te lo ripeto: **aggiorna il blog ogni giorno! Ogni giorno!**

Il famoso blogger *John Chow*, nonostante pratichi tecniche "anti-Google", afferma: «*A non-uptated blog is a dead blog*», cioè: «Un blog non aggiornato è un blog morto». Non c'è maggior verità. Il proporre nuovi contenuti ogni giorno è il miglior modo per essere trovato dagli spider dei motori di ricerca che sono sempre affamati di contenuti nuovi. Offrire ogni giorno contenuti nuovi è anche il miglior modo per fidelizzare i propri lettori che, sapendo di poter contare su contenuti sempre freschi, saranno invogliati a visitare il tuo blog ogni giorno e a iscriversi ai tuoi feed RSS.

SEGRETO n. 18: aggiorna il tuo blog ogni giorno per offrire contenuti sempre nuovi sia ai tuoi lettori che ai motori di ricerca.

Un altro aspetto fondamentale è la presenza del cosiddetto **elemento distintivo**, ossia quella cosa che rende il tuo blog diverso e riconoscibile dagli altri. Guarda sotto il blog di *Seth Godin*, ideatore di *Squidoo* e autore di numerosi best seller di marketing.

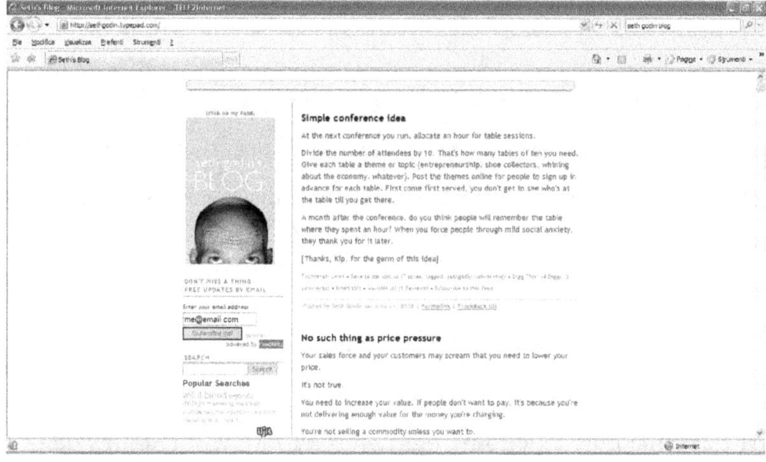

Se ti chiedo cosa noti per primo prima cosa, al 99% mi risponderai: «Noto la testa pelata di Seth Godin.» Adesso guarda uno dei template classici più diffusi tra quelli proposti da Blogger.

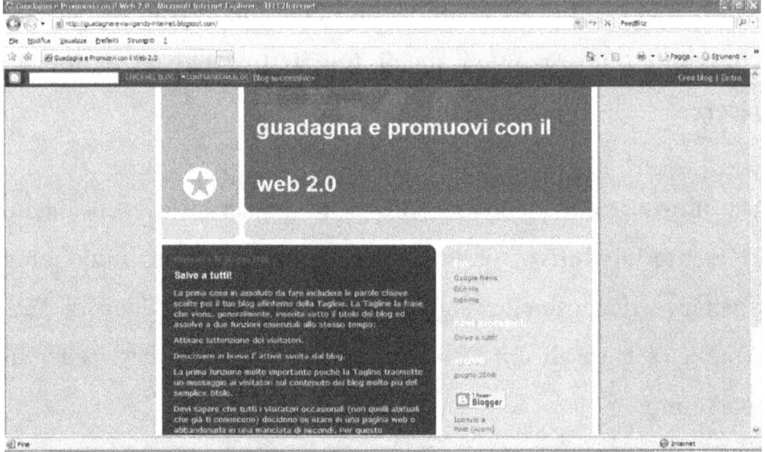

Che cosa noti? NIENTE!! La maggior parte dei blog che si trovano in rete è impersonale, i blog non sono curati graficamente, sono totalmente privi di qualsiasi elemento distintivo.

La presenza di un elemento distintivo porta i lettori, oltre che a ricordare visivamente il blog, soprattutto a DISTINGUERLO dall'enorme massa dei blog oggi presenti in rete. La domanda che devi porti è la seguente: «**Come posso pensare di creare un seguito di persone se il mio blog è uguale ad altri 1000?**» L'elemento distintivo è un concetto di marketing molto diffuso e molto efficace. Per creare un tuo personale logo, con tanto di simbolo e scrittura personalizzata, puoi utilizzare questo straordinario strumento gratuito online: Logoease.com.

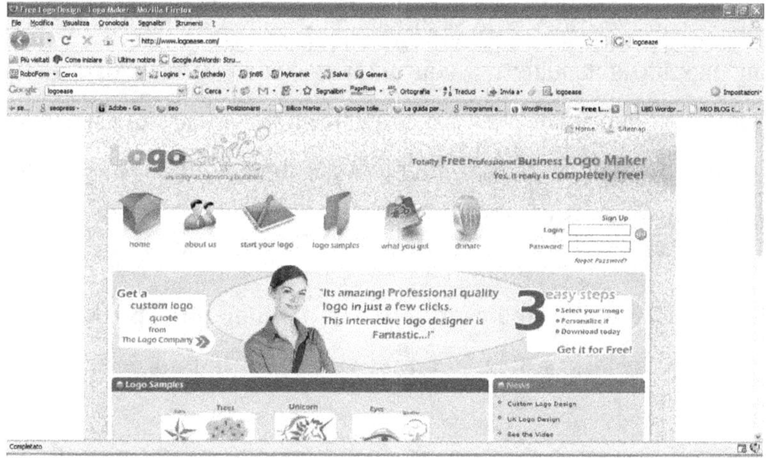

SEGRETO n. 19: crea per il tuo blog un elemento distintivo come un logo. Puoi creare un logo professionale affidandoti a *Logoease.com*.

Ricordati un altro presupposto fondamentale: il blog deve essere **personale**. Cioè le persone devono capire chi c'è dietro a un blog, perché ha scelto di scrivere su un blog e qual è la sua storia. Per esempio il *DesmoBlog* della Ducati è curato dal suo Amministratore Delegato che scrive personalmente gli articoli, che hanno ogni giorno centinaia di commenti. I lettori lo sanno che chi scrive è l'A.D. e sanno anche che non interagiscono con un marchio aziendale ma con una persona in carne e ossa della quale ci si può fidare. Per questo dedica nel tuo blog uno spazio al tuo profilo, con la tua foto, i motivi che ti hanno indotto ad aprire un blog e la tua storia.

SEGRETO n. 20: dedica all'interno del blog uno spazio in cui racconti la tua storia e i motivi che ti hanno indotto ad aprirlo.

I contenuti per un blog, e in generale per qualsiasi sito internet, sono molto importanti e fanno la differenza. Quindi, come scrivere contenuti di qualità? Questo dipende dall'attitudine del blogger a ricercare e rielaborare notizie online. Riportare contenuti altrui è molto facile, basta cercare su Google «article marketing» e troverai una montagna di articoli che potrai inserire gratuitamente sul tuo blog. Più difficile è produrre dei contenuti propri, magari derivanti da articoli letti in precedenza. Personalmente amo leggere notizie e indiscrezioni da fonti straniere e poi rielaborarle cercando di aggiungere qualcosa di originale. *TechCrunch* e *Technorati* sono le fonti più autorevoli nel settore Internet, ma cercando tra i blog americani si trova veramente di tutto e di più.

Anche se non sei pratico di lingua inglese puoi utilizzare dei traduttori automatici dall'italiano all'inglese. Uno strumento gratuito che fa al caso tuo è la **toolbar di Google**, facilmente installabile in qualsiasi browser internet. La funzione che più ci interessa è quella «Traduci». Puoi scaricare la toolbar da <u>qui</u>.

SEGRETO n. 21: per creare contenuti per il tuo blog prendi spunto da fonti in inglese.

Una volta creati i contenuti del tuo blog, la tua attenzione deve spostarsi su **dove** diffondere questi contenuti. La **regola n. 1** è quella di sfruttare quanto più possibile la blogosfera, ossia commentare in altri blog. Non c'è altra strategia che tenga. Se tu hai un blog e non commenti in altri blog **della tua stessa nicchia** fai un errore imperdonabile.

La blogosfera, e in generale internet, è fatta di link, relazioni che da un sito portano all'altro e viceversa. Se non crei relazioni verso l'esterno (gli altri blog) non avrai relazioni che punteranno verso di te e, di conseguenza, non avrai successo sia nel breve sia, ti assicuro, nel lungo periodo.

SEGRETO n. 22: la strategia numero 1 per diffondere i contenuti del tuo blog è quella di commentare i blog della tua stessa nicchia.

Adesso siamo d'accordo che commentare gli altri blog è fondamentale per avere successo. Il segreto che ti sto per svelare vale molto più del prezzo dell'ebook, qualunque esso sia, semplicemente perché questo segreto riguarda un software assolutamente sconosciuto in Italia che ti permette di:

- trovare i blog sui quali commentare a partire dalla parola chiave da te inserita;

- individuare i blog *"no-follow"* e *"do-follow"*, importanti per il contributo al posizionamento del tuo blog sui motori di ricerca;

- automatizzare l'inserimento dei tuo dati negli spazi dedicati ai commenti;

- infine, cosa da non sottovalutare, è **totalmente gratuito**.

Questo straordinario software che, guardando i software a pagamento concorrenti sul mercato, è valutato non meno di 100 €, si chiama *Comment Kahuna*.

Vediamo insieme come utilizzarlo:

1. Il primo passo è scaricare il software dal sito www.commentkahuna.it. Inserisci nome, cognome ed email e clicca su «Let me download Comment Kahuna NOW!»

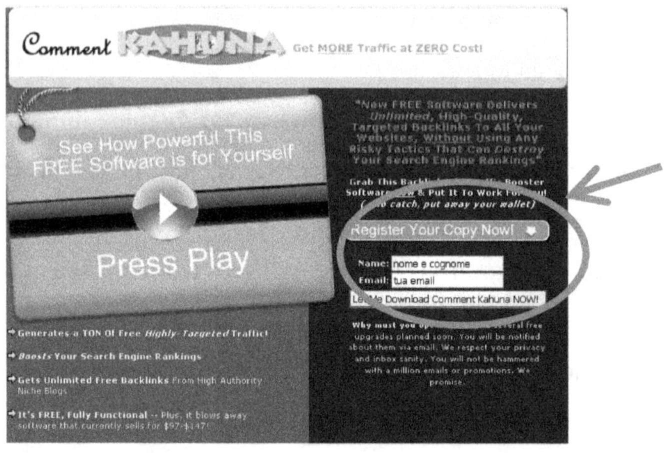

2. Clicca su rettangolo indicato dalle frecce per scaricare Comment Kahuna:

3. Comment Kahuna, per poter funzionare all'interno del tuo computer, ha bisogno di alcuni file (tecnicamente "librerie") per poter funzionare. Puoi scaricare questi file da Librerie Net.Framework e verrai riportato alla seguente pagina web. Clicca su «Download» per scaricare i file:

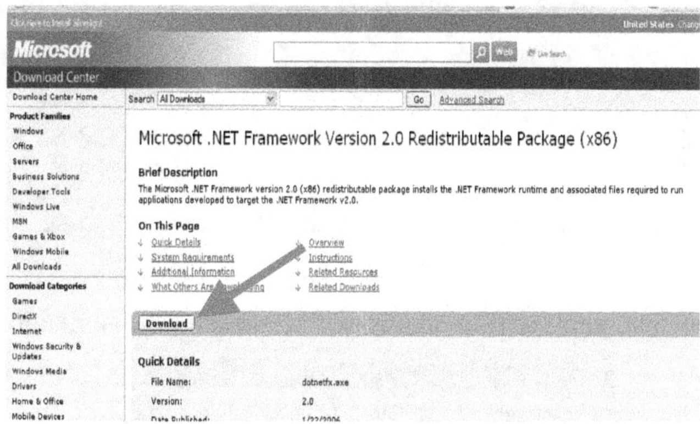

4. Clicca su «*dotnetfx.exe*» per installare questi file:

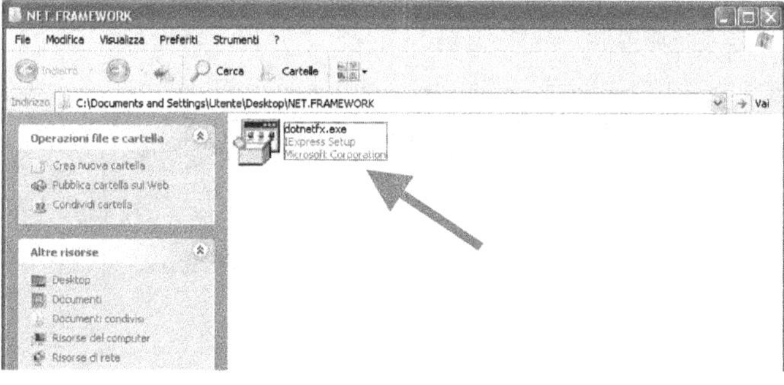

5. Dopo aver ultimato l'installazione, puoi installare Comment Kahuna aprendo l'archivio zip e cliccando su «*CkSetup.msi*»:

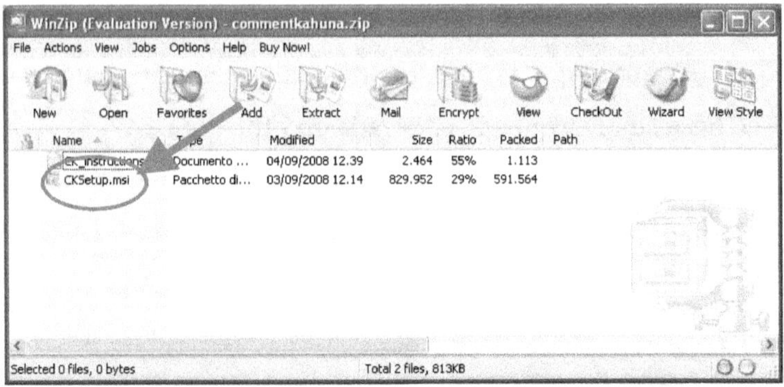

6. Clicca su «Next» fino ad arrivare alla fine dell'installazione:

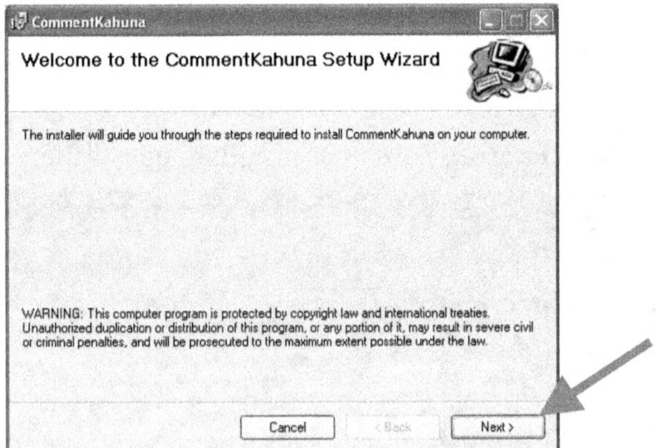

Infine premi «Close» per ultimare l'installazione:

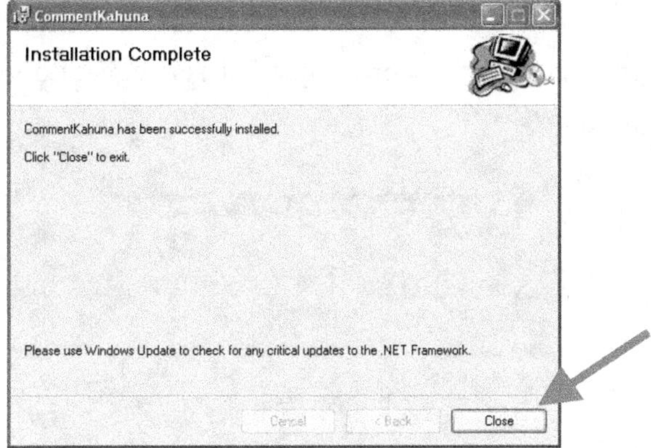

7. A questo punto clicca l'icona di Comment Kahuna sul desktop:

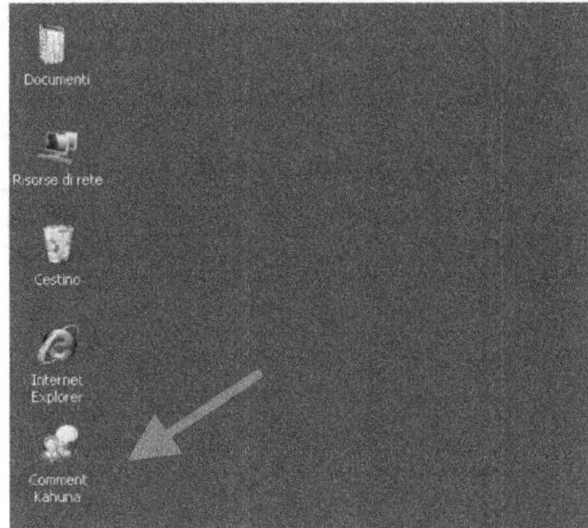

8. Si aprirà una finestra con il codice di attivazione da inserire; quello che devi fare è semplicemente scrivere il tuo nome, cognome ed email con le quali ti sei registrato e cliccare su «Register»:

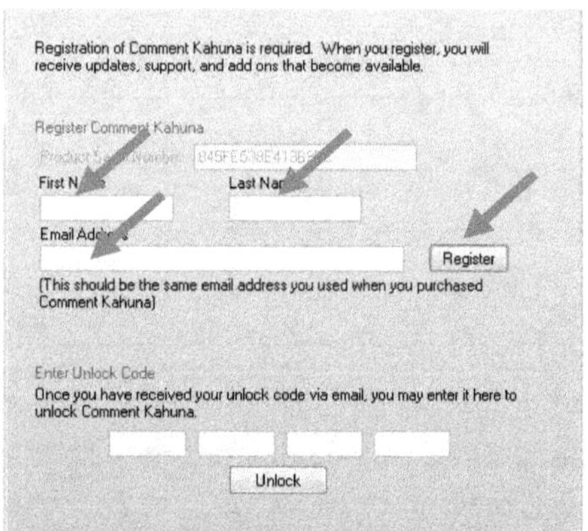

Ti arriverà all'istante un nuovo messaggio nella casella di posta elettronica con il codice di attivazione del software:

Inserisci il codice e premi «Unlock»:

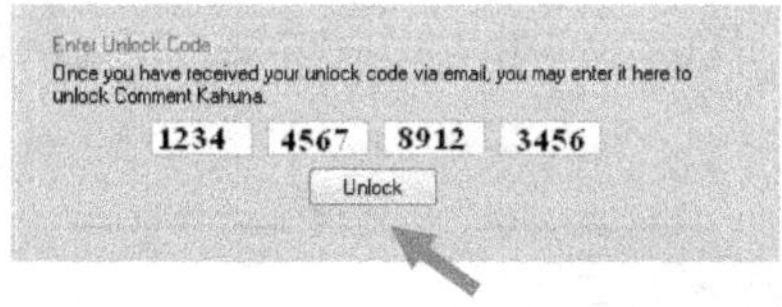

Adesso puoi finalmente utilizzare a pieno Comment Kahuna. Vediamo assieme le carattaristiche di questo software. Quella che vedi di seguito è l'interfaccia principale:

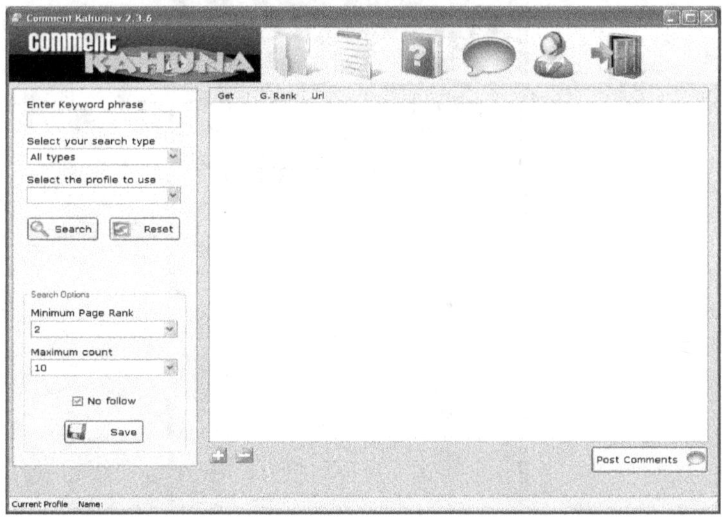

Il **primo passo** da compiere è quello di crearti un profilo composto da nome, email, indirizzo web, insomma le informazioni classiche che ti vengono richieste al momento dell'inserimento di un commento. Per far ciò clicca sulla seconda icona:

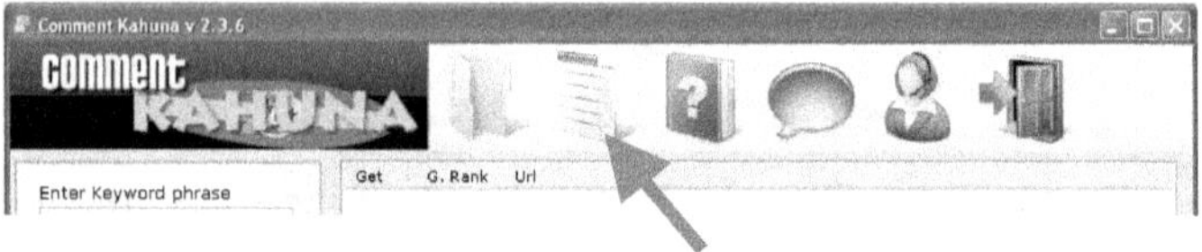

Ti apparirà questa finestra, segui le istruzioni:

1. Dai un nome al tuo profilo.

2. Clicca su «Create» per attivare il profilo.

3. Inserisci il tuo nome e cognome.

4. Inserisci il tuo indirizzo email.

5. Inserisci l'indirizzo del tuo blog.

6. Clicca su «Save» per salvare il tuo profilo.

Chiudi la finestra del profilo e concentrati sulla parte sinistra dell'interfaccia:

1. Inserisci la parola chiave relativa al tuo settore per trovare blog simili all'interno dei quali commentare.
2. Seleziona la fonte delle tue ricerche. Puoi scegliere 10 fonti, la più importante in assoluto, e quella che ti consiglio di selezionare, è **WordPress**.

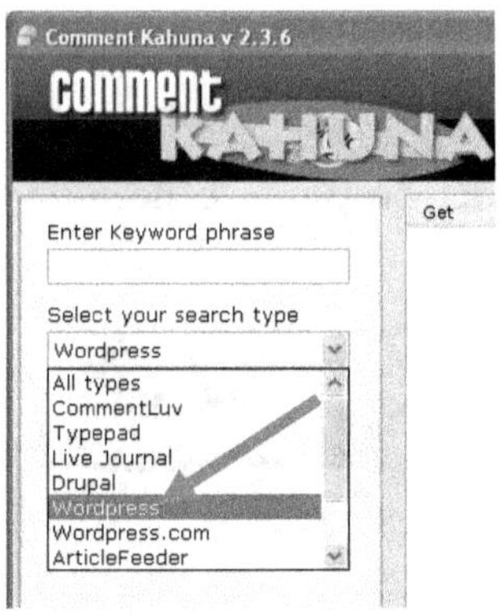

Selezionando questa opzione verranno visualizzati tutti i blog costruiti su piattaforma WordPress, come ad esempio il blog di Bruno Editore: www.giacomobruno.it (in seguito ti mostrerò come questo blog verrà rilevato da Comment Kahuna per un'importante parola chiave).

3. Seleziona il tuo profilo.

4. Attiva la ricerca.

5. Cancella i dati e compila daccapo.

6. Indicazione del PageRank dei blog visualizzati nella ricerca. Qui puoi selezionare il livello di Pagerank (0-10), ossia il livello di "popolarità" che i blog hanno per Google. Io ti consiglio, inizialmente, di settare il parametro a zero, in modo tale da avere maggiori risultati e quindi più blog sui quali commentare.

7. Numero minimo di risultati che vuoi vengano visualizzati durante la ricerca. Qui ti consiglio di mettere, ovviamente, il massimo, ossia 50.

8. Questa impostazione riguarda un concetto molto importante di cui parlerò in dettaglio nel prossimo capitolo. Per adesso ti basta sapere che selezionando l'opzione «No follow» verranno visualizzati anche quei blog il cui link verso il tuo sito non verrà considerato dai motori di ricerca al fine di migliorare la tua popolarità e il tuo posizionamento. Io utilizzo Comment Kahuna senza selezionare questa opzione. In questo modo sono sicuro che i blog scelti per commentare daranno link utili alla crescita della popolarità del mio blog.

9. Per salvare il progetto di ricerca.

SEGRETO n. 23: utilizza *Comment Kahuna* per cercare blog della tua stessa nicchia all'interno dei quali lasciare un tuo commento.

Dopo aver elencato tutte le funzionalità principali, voglio mostrarti l'efficacia di questo programma. Allora, mettiamo per ipotesi che la nicchia di cui vuoi parlare all'interno del tuo blog giri intorno alla parola chiave primaria (*master keyword*) «Ricette di cucina», parola chiave ad altissima densità di concorrenti. Facciamo la ricerca su Comment Kahuna ed ecco i risultati:

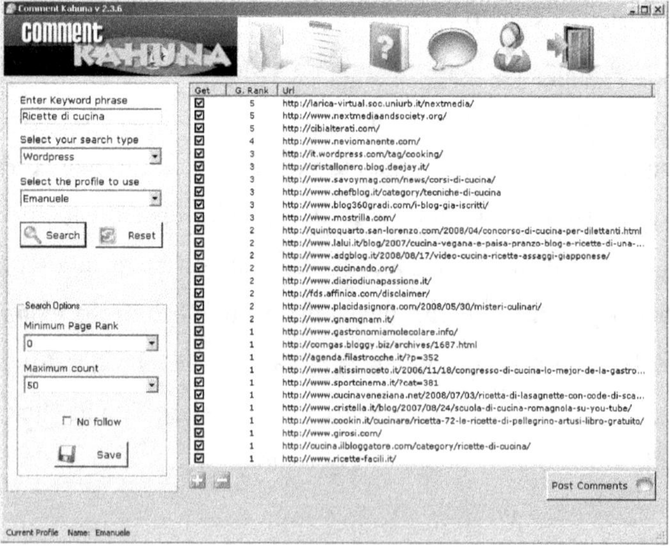

Per questa parola chiave abbiamo trovato **quasi 30 blog** sui quali commentare!!

Adesso selezioniamo un altra parola chiave: «Guadagnare online» e vediamo se anche qui Comment Kahuna riesce ad essere efficace:

Url
http://www.ivandjurdjevac.com/wordpress-plugins/adsense-attachment-plugin/
http://charts.technorati.com/blogs/www.michaeljubel.com
http://www.michelem.org/2008/04/10/guadagnare-via-feedrss-wordpress-feedbur..
http://www.leebandoni.com/2008/05/29/free-stumbleupon-stumble-script-cost-me..
http://www.area3000.it/guadagnare-online-fornendo-consigli/
http://www.vitadablog.com/?p=194
http://tuttowebvideo.com/inserire-pubblicita-nei-propri-video-e-guadagnare-con-vi..
http://www.bloglavoro.com/2008/05/16/guadagnare-online-rispondendo-ai-sondag..
http://www.giacomobruno.it/index.php/2008/08/20/guadagnare-on-line-come-and...
http://www.comeguadagnaresoldi.it/
http://www.taodomichi.org/fotografia/70/come-guadagnare-con-le-proprie-foto/
http://itp.nyu.edu/~rcm319/wordpress/?p=38
http://www.pietrodigiorgio.it/251/guadagnare-con-la-pubblicita-societa-di-affiliazio...
http://www.trading-italia.biz/guadagnare-online-adsense-abolizione-referral/
http://www.generazione-internet.com/2007/10/21/scambiare-guadagnare-e-vende..
http://www.ancheiopossoguadagnare.com/
http://www.come-guadagnare.info/
http://www.directory.infoprodotto.com/blog/blog-forum-per-guadagnare-online/
http://www.pochimaledettiesubito.com/
http://www.marketingroutes.com/2006/04/17/guadagnare-online/
http://sc-web.org/guadagnare-online-con-linklift/
http://crescita.noiblogger.com/fast-affiliation-per-guadagnare-on-line-con-le-affilia..

Abbiamo trovato **ben 22 blog** sui quali commentare in un colpo solo!!

Tra i risultati per questa parola chiave il software ha rilevato il blog di Bruno Editore:

```
http://tuttowebvideo.com/inserire-pubblicita-nei-propri-video-e-guadagnare-con-vi
http://www.bloglavoro.com/2008/05/16/guadagnare-online-rispondendo-ai-sondag
http://www.giacomobruno.it/index.php/2008/08/20/guadagnare-on-line-come-and.
http://www.comeguadagnaresoldi.it/
http://www.taodomichi.org/fotografia/70/come-guadagnare-con-le-proprie-foto/
http://itp.nyu.edu/~rcm319/wordpress/?p=38
```

Adesso vediamo come commentare all'interno dei blog usciti nei risultati:

1. Clicca sul pulsante «Post Comment»:

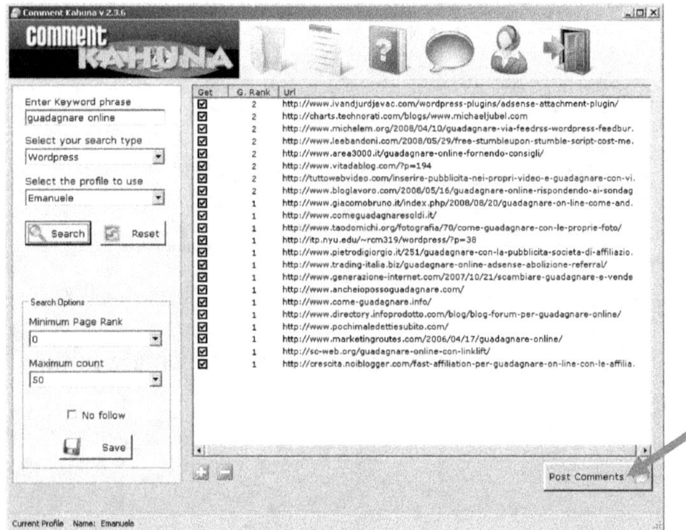

2. Ti apparirà il browser di Comment Kahuna all'interno del quale visualizzerai il primo blog riportato nell'elenco dei risultati, in questo caso ti mostro la pagina del blog di Bruno Editore corrispondente alla parola chiave «guadagnare online»:

3. Scendi in basso con la barra di scorrimento verticale posta a destra fino a quando arrivi al modulo per l'inserimento dei commenti:

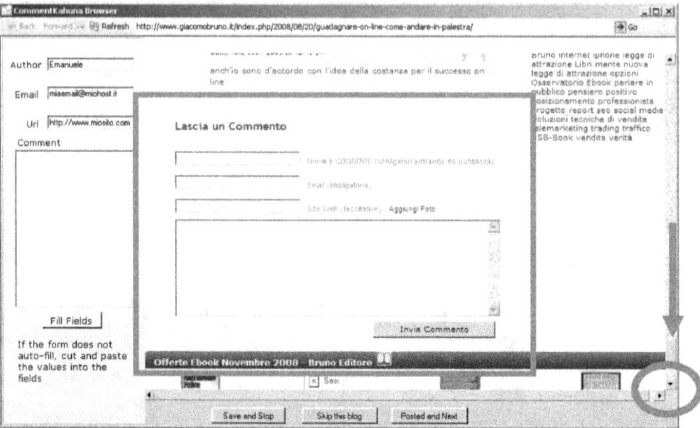

4. Adesso premi il pulsante «Fill Fields» per riempire automaticamente i campi nome, email e sito web:

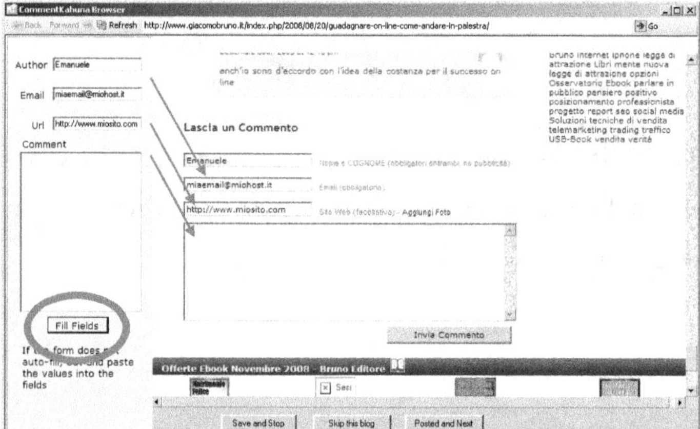

5. Scrivi il tuo commento (mi raccomando **evita assolutamente** di lasciare commenti solo per prenderti il link di ritorno, ma scrivi commenti che riportino il tuo reale punto di vista sull'articolo in questione), clicca su «Invia commento» e in seguito su «Skip this blog» per passare al blog successivo:

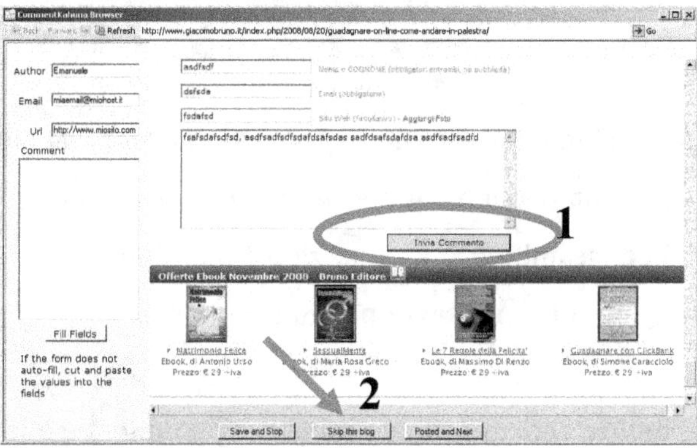

Segui questo procedimento per tutti i blog riportati da Comment Kahuna. Perché è cosi importante commentare gli altri blog della tua stessa nicchia? In particolare perché Google **premia con un maggior livello di posizionamento** un blog che riceve link che provengono da altri blog che trattano il tuo stesso argomento.

Questo software ti faciliterà davvero la ricerca di altri blog per tutte la parole chiave che ti interessano, inoltre risparmierai tantissimo tempo poiché ti basterà compilare automaticamente i campi dei commenti e poi passare al blog successivo premendo semplicemente un bottone. Comment Kahuna diventerà uno strumento indispensabile per il tuo business.

Oltre alla strategia dei commenti potrai richiedere una partneship ai blog che ti interessano e proporre una recensione del tuo blog o un semplice scambio link, ma ricordati: **solo con blog che appartengono alla tua stessa nicchia**.

Ricorda, inoltre che un contatto umano e non digitale è la miglior scelta per questo genere di trattative, e se il blogger contattato accetterà di pubblicare un link o una recensione del tuo blog, non lo farà per farti un favore ma perché si sarà assicurato un altro "contatto digitale" per la sua attività.

SEGRETO n. 24: commenta i blog della tua stessa nicchia ma fai attenzione a non fare spam, commentando solo per prenderti il link di ritorno.

Uno strumento fondamentale per essere sempre aggiornato sui contenuti che vengono pubblicati nel web in merito alla tua nicchia è *Google Alert*.

Questo servizio fa giornalmente una scansione delle pagine web indicizzate su Google e ti comunica tramite email la comparsa di nuovi risultati per l'argomento di tuo interesse. Utilizzare il servizio è molto facile: vai sulla pagina iniziale, inserisci il termine di tuo interesse, ad esempio «libri scolastici», scegli il tipo di avviso tra «News», «Web», «News & Web» e «Gruppi» , scegli la frequenza con cui vuoi essere aggiornato e, infine, indica il tuo indirizzo email.

L'estrema utilità di questo strumento risiede nella possibilità di individuare tutte le discussioni e gli aggiornamenti relativi alla tua nicchia. Per esempio, se vieni avvisato di una discussione in corso su un blog o un qualsiasi sito, puoi partecipare tramite i commenti, dire la tua e magari lasciare il tuo indirizzo web come riferimento al tuo commento. Con questo strumento prendi due piccioni con una fava:

1.   vieni sempre aggiornato su notizie relative alla tua nicchia;
2.   puoi utilizzare gli avvisi di Google Alert per pubblicizzarti.

SEGRETO n. 25: resta sempre informato sulle novità della tua nicchia utilizzando Google Alert.

RIEPILOGO DEL CAPITOLO 2:

- SEGRETO n. 14: utilizza *Easy-PHP* per personalizzare il tuo blog con WordPress in locale e caricarlo facilmente sul tuo spazio web.

- SEGRETO n. 15: concentrati su una nicchia che rappresenta la tua passione e dedica il tuo tempo solo all'ottimizzazione del tuo blog.

- SEGRETO n. 16: acquista per il tuo blog un dominio, o se possiedi già un dominio inserisci il blog in una cartella del tuo sito o crea un sottodominio.

- SEGRETO n. 17: inserisci all'interno del tuo blog email e numero di telefono, così da poter essere contattato facilmente dai tuoi lettori.

- SEGRETO n. 18: aggiorna il tuo blog ogni giorno per offrire contenuti sempre nuovi sia ai tuoi lettori che ai motori di ricerca.

- SEGRETO n. 19: crea per il tuo blog un elemento distintivo come un logo. Puoi creare un logo professionale affidandoti a *Logoease.com*.

- SEGRETO n. 20: dedica all'interno del blog uno spazio in cui racconti la tua storia e i motivi che ti hanno indotto ad aprirlo.

- SEGRETO n. 21: per creare contenuti per il tuo blog prendi spunto da fonti in inglese.

- SEGRETO n. 22: la strategia numero 1 per diffondere i contenuti del tuo blog è quella di commentare i blog della tua stessa nicchia.

- SEGRETO n. 23: utilizza *Comment Kahuna* per cercare blog della tua stessa nicchia all'interno dei quali lasciare un tuo commento.

- SEGRETO n. 24: commenta i blog della tua stessa nicchia ma fai attenzione a non fare spam, commentando solo per prenderti il link di ritorno.

- SEGRETO n. 25: resta sempre informato sulle novità della tua nicchia utilizzando Google Alert.

GIORNO 3:

Creare un blog di successo (3ª parte)

In questo capitolo ti svelo un metodo che ho chiamato **RoboList**, una strategia che ti consente di velocizzare in maniera rilevante l'inserimento in quasi **40 siti di social news e social bookmark ITALIANI** e aumentare il processo di indicizzazione e posizionamento del tuo blog su Google. Esiste un servizio online poco conosciuto ma molto efficace per inserire i contenuti del tuo blog nei più famosi siti italiani. È possibile accedere al servizio cliccando direttamente qui.

Come vedi, alla tua sinistra ci sono ben 37 siti italiani affiancati dai pulsanti «signup» (registrati), «login» (entra inserendo user e password) e «post» (inserisci l'articolo). A destra c'è un piccolo browser interno che ti permette di visualizzare molto velocemente i vari siti, in alto c'è lo spazio all'interno del quale inserire l'indirizzo del tuo blog, titolo, tag e descrizione.

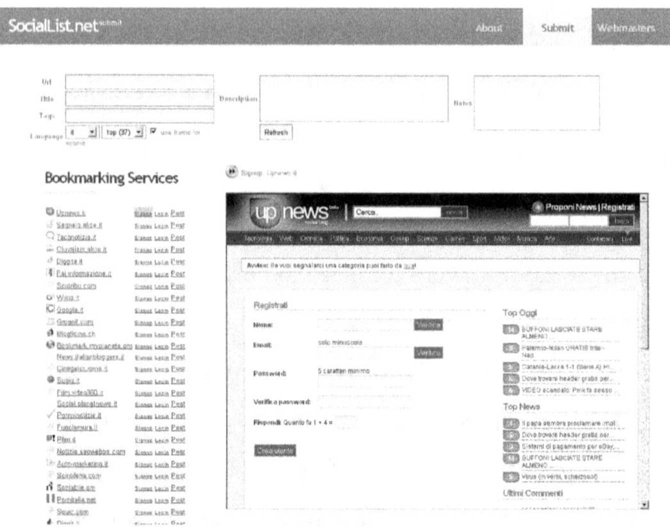

In pratica per ogni sito c'è la possibilità di registrarsi, entrare con i propri dati e inserire l'articolo; fin qui, sembrerebbe, nulla di nuovo. E invece del nuovo c'è, e sta nel fatto che hai la possibilità di automatizzare il processo di inserimento degli articoli del tuo blog da **un'unica pagina web,** quella appunto di *SocialList,* senza, e ripeto, senza girare freneticamente per andare a scrivere i tuoi articoli da un sito all'altro. Anche in questo caso, come per Comment Kahuna, si fa tutto da una sola postazione.

Ma non è tutto, anzi, sei davvero fortunato a leggere queste pagine perché ti svelo un'altra chicca: per rendere ancora più automatico l'inserimento dei miei articoli insieme a SocialList utilizzo anche uno straordinario software di nome *RoboForm*. Questo software automatizza l'inserimento di **qualunque informazione** all'interno dei form (ossia le caselle in cui inserisci i tuoi dati), ti basterà creare una sola volta il tuo profilo su RoboForm. Vediamo insieme i passi per poter utilizzare questo programma:

1. Scarica questo software da qui:

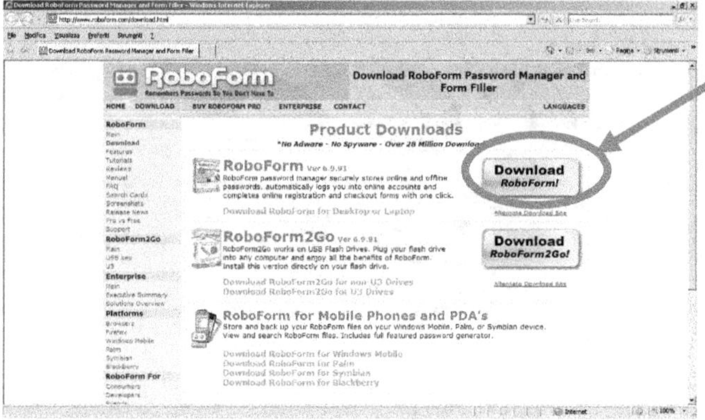

2. Installa il software:

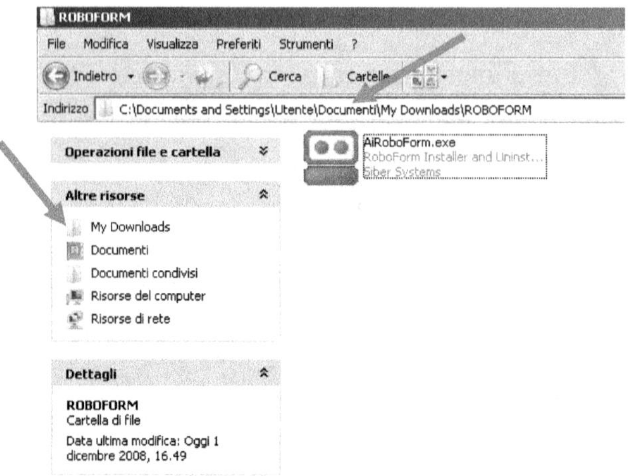

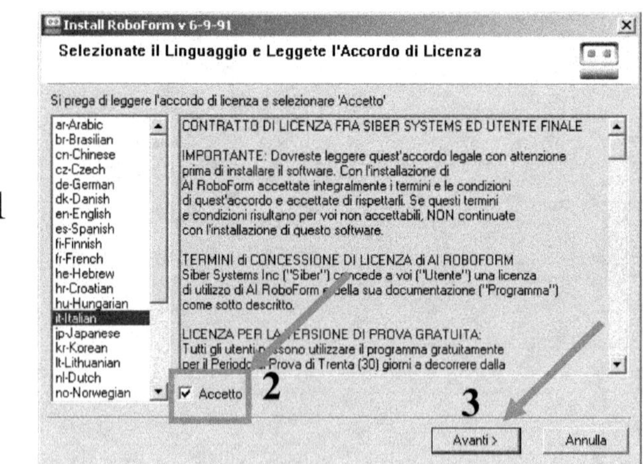

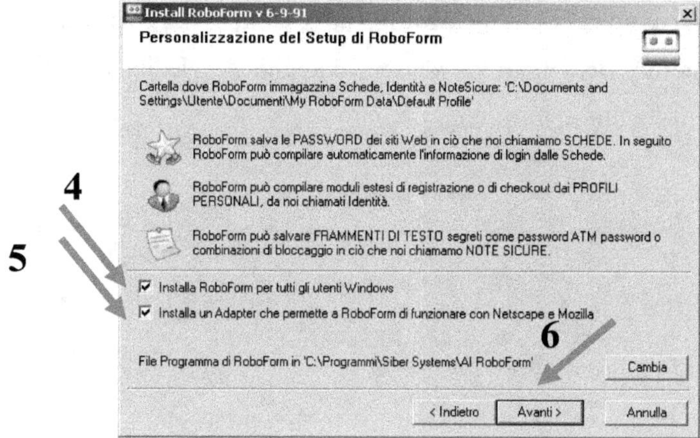

3. Dopo aver installato RoboForm, apri il tuo browser preferito (io, in ogni caso, ti consiglio Firefox 3) e vedrai apparire la barra di RoboForm:

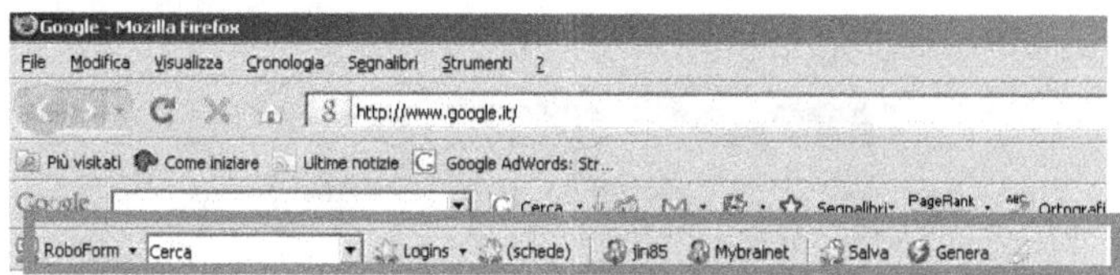

4. Clicca sulla scritta *Roboform > Identità > Nuova.*

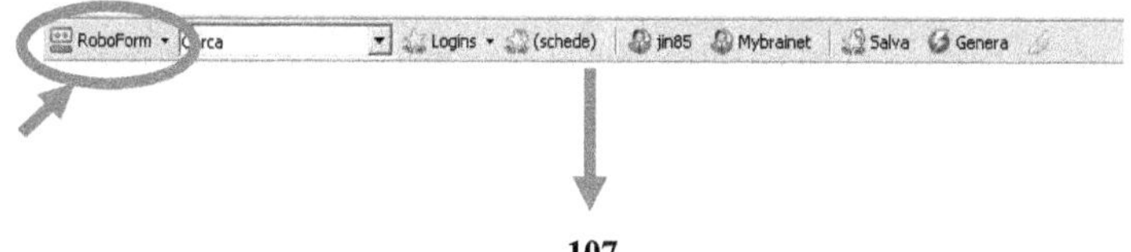

Scrivi il nome del tuo profilo, ad esempio «mio profilo», all'interno del modulo «Nome Identità», seleziona «Mia identità» e clicca su «Ok»:

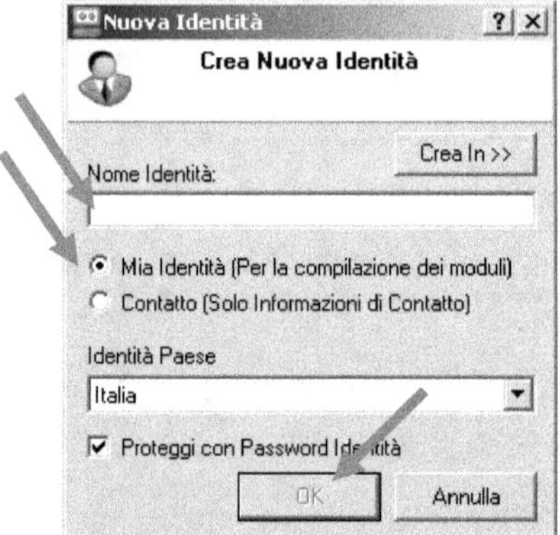

Inserisci la password principale in modo tale da proteggere le tue informazioni e premi «Ok».

Adesso nel menu «Persona» compila **solo** questi campi:

- Nome (solo nome).

- Email.

- Sesso.

- Età.

- Data di nascita.

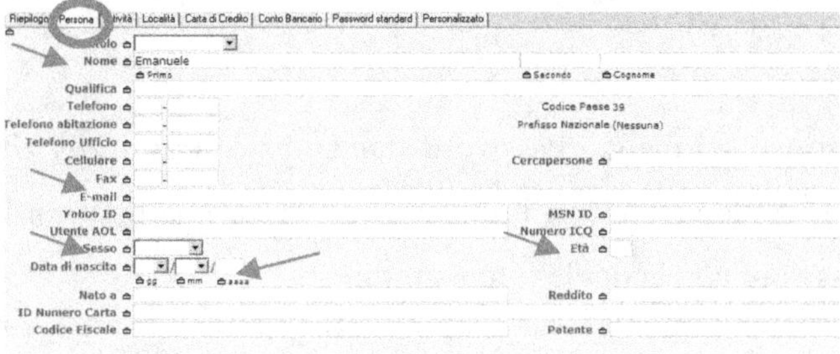

Dopo aver compilato questi campi con i tuoi dati, spostati sul menu «Attività» e compila il campo «Sito web» con **l'indirizzo web dell'articolo del tuo blog**. Mi raccomando una cosa fondamentale: **non limitarti a inserire solamente il link della homepage del tuo blog** (ad esempio www.*mioblog*.com) ma **inserisci l'indirizzo intero del tuo articolo** (ad esempio www.*mioblog*.com/*mio-nuovo-articolo*).

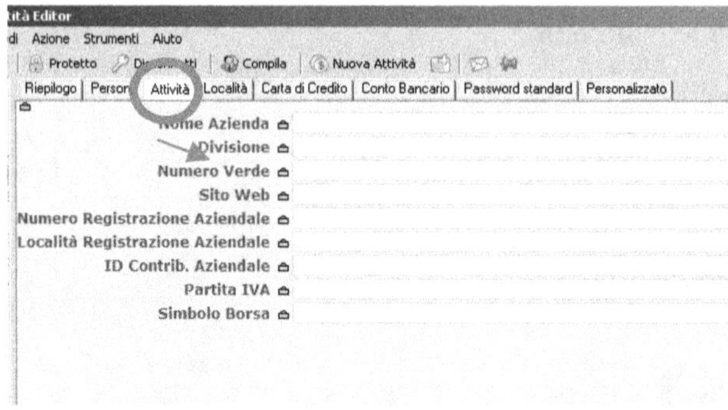

Adesso vai sul menu «Password standard», inserisci «ID Utente» (sarà il nome utente con il quale ti registrerai), la password (sarà la password con la quale ti registrerai):

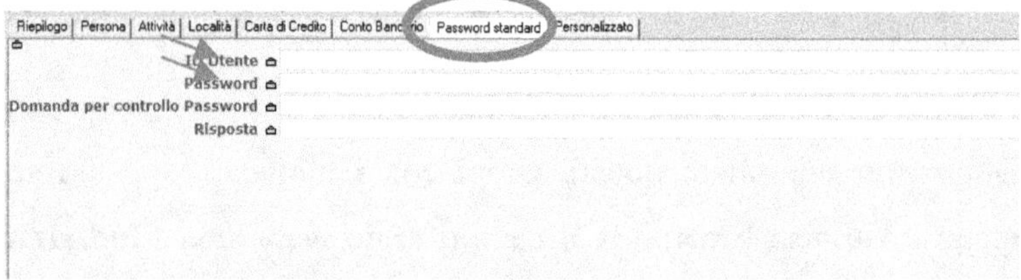

Infine vai su «Personalizzato» per creare i campi «Titolo», «Descrizione», «Tags»:

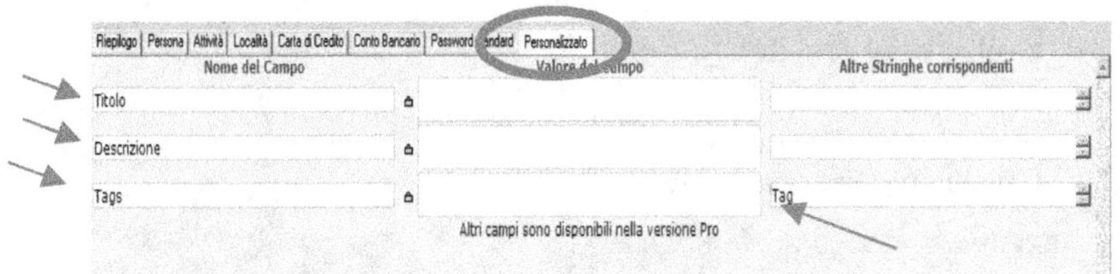

Ricordati di inserire in «Altre Stringhe corrispondenti» la parola tag, poiché il campo da compilare potrebbe chiamarsi «tag» invece di «tags». Sfruttando questa ulteriore opzione verranno riconosciuti anche campi con altro nome. Adesso clicca su «Salva e Chiudi» per ultimare la creazione del tuo profilo.

Inserisci nel modulo «Valore del campo» il titolo, la descrizione e le tags (parole chiave) corrispondenti all'articolo del tuo blog che vuoi diffondere:

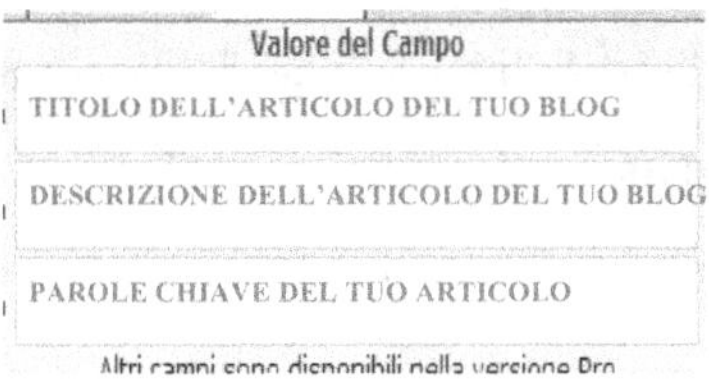

Adesso finalmente datti da fare per far esplodere il traffico del tuo blog. Vediamo i passi da seguire con questo velocissimo metodo:

1.   Collegati al sito di SocialList.

2.   Clicca su «*Press to start*».

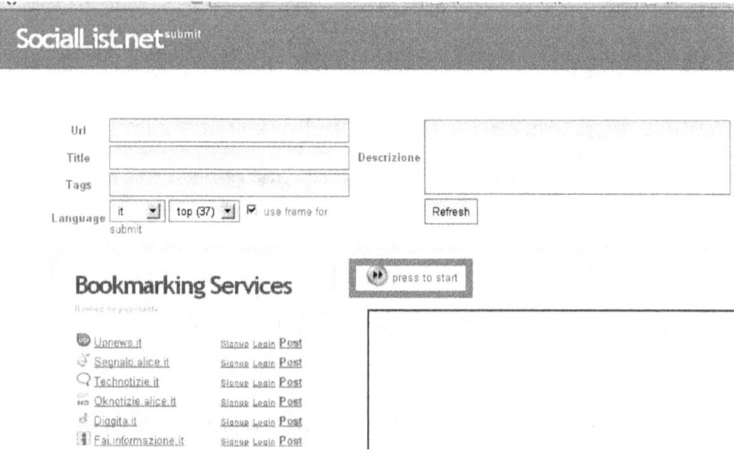

Vedrai comparire la pagina per iscriverti al primo sito (non puoi inserire gli articoli se non sei iscritto); registrati cliccando nella sezione «Nuovi utenti»:

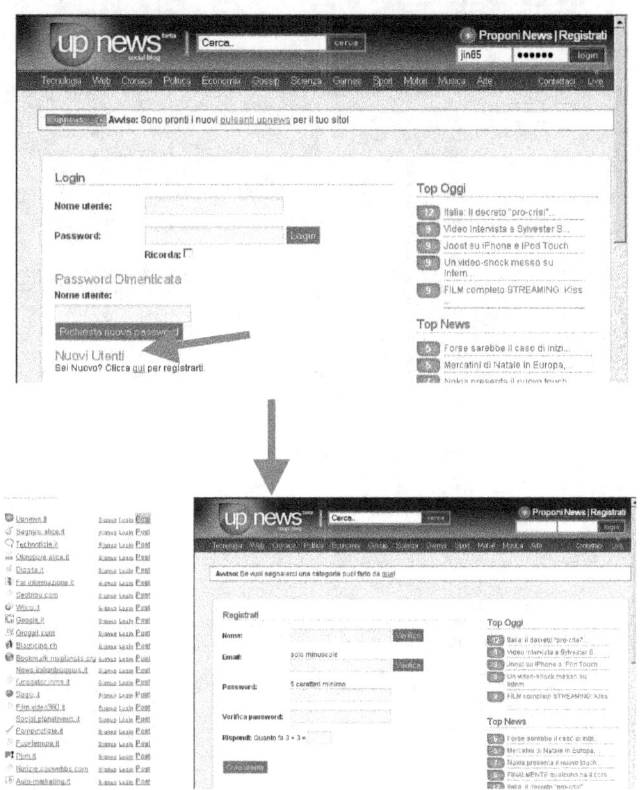

A questo punto guarda la barra dei menu di RoboForm e premi il pulsante su cui è scritto il tuo nome, come per magia vedrai compilati automaticamente tutti i campi in meno di un secondo:

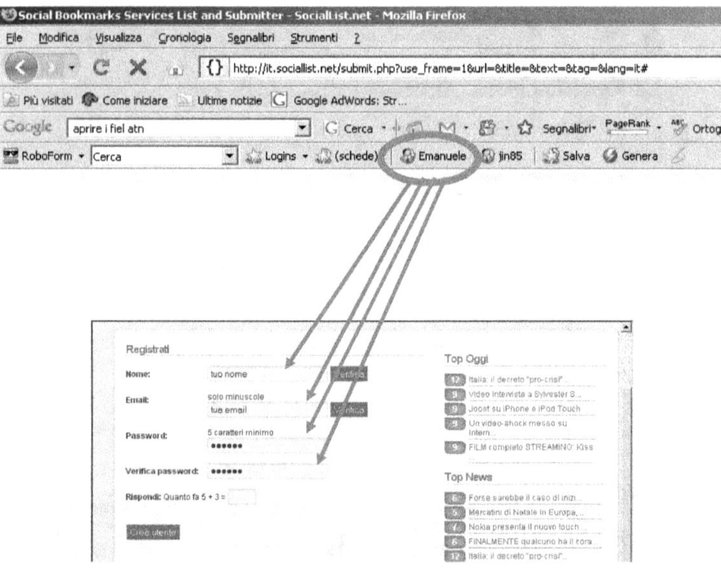

Rispondi alla domanda (5+3) e premi «Crea Utente».

Adesso clicca su «*Post*», ti apparirà la pagina in cui inserire l'indirizzo del tuo articolo; premi nuovamente il pulsante nella barra dei menu di Roboform.

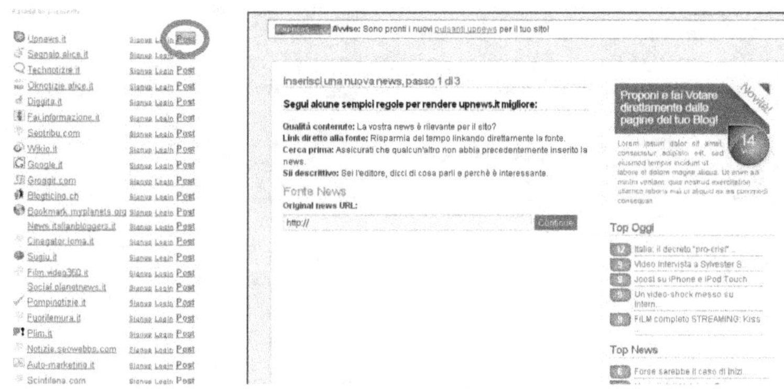

In meno di un secondo avrai compilato questo campo, clicca su «Continua» e ti verrà visualizzata la pagina nella quale potrai inserire tutte le informazioni che riguardano il tuo articolo; non ti preoccupare, non dovrai scrivere assolutamente niente, clicca solamente sempre sullo stesso pulsante di RoboForm e vedrai come tutti i campi saranno compilati perfettamente in meno di un secondo:

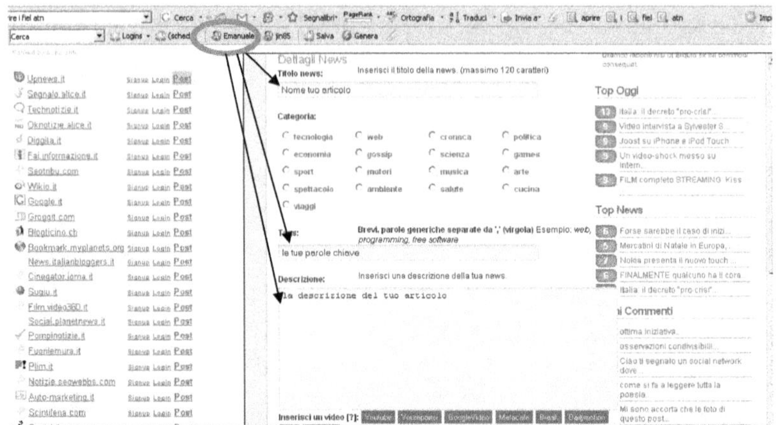

Poi completa la procedura per la pubblicazione della notizia. Una volta fatto questo clicca di nuovo su «Press to start» per continuare a postare nell'elenco dei 40 siti italiani. Questo metodo è veramente straordinario e velocizza l'inserimento dei tuoi articoli in 40 siti italiani, permettendoti di gettare le basi per un'esplosione di traffico nel tuo blog davvero eccezionale.

Questo metodo **funziona ottimamente quando sei già registrato a tutti i siti** poiché una volta entrato in SocialList potrai premere direttamente su «Press to start» e verrai indirizzato direttamente alla pagina da cui potrai inserire il tuo articolo, a quel punto dovrai solamente premere il tasto su RoboForm e voilà, tutto compilato senza sprechi di energie.

Ti rendi conto che con questa strategia risparmierai sicuramente il 90% di tempo e fatica, e vedrai aumentare la popolarità dei tuoi articoli in modo esponenziale? Ho calcolato il tempo di inserimento di un articolo con questa strategia su tutti i 40 siti, indovina: circa 15 minuti per inserire il tuo articolo in 40 siti. Non è fantastico? Calcola il tempo che ci metti tu per farlo senza questa strategia, io dico che ci metterai molto ma molto di più e credo anche che alla fine ti stuferai di aprire 40 siti uno a uno, ricordarti il nome utente e la password, scrivere per tutti le stesse cose (titolo, descrizione, tags ecc.).

Quindi, ricapitolando, devi procedere in questo modo:

1. Ti iscrivi a tutti questi siti. Utilizza Roboform per automatizzare l'iscrizione e fai in modo che il tuo nome utente e password siano automaticamente ricordati dal tuo browser. Questa opzione è presente su Firefox 3.

2. Modifica in RoboForm, per ogni articolo, il campo del sito web, i campi personalizzati del titolo, descrizione e tags.

3. Apri SocialList, clicca su «Press to start».

4. Per ogni sito clicca sul pulsante nella barra di RoboForm per automatizzare il processo di compilazione dei moduli.

5. Per passare al prossimo sito clicca di nuovo su «Press to Start».

6. Goditi tutto il traffico.

SEGRETO n. 26: impara a utilizzare il metodo RoboList per diffondere molto velocemente gli articoli del tuo blog.

Non basta segnalare un articolo. L'articolo deve avere, per prima cosa, un titolo accattivante, attraente. Oltre alla strategia della lista che ti ho illustrato prima, un'altra è quella di fare un articolo del tipo: *Come perdere 5 kg in 30 giorni.* La strategia dell'*how to*, tradotta in italiano "come fare a", è la migliore per destare l'interesse dei visitatori nell'enorme mare di informazioni del web. Ricorda anche che in buona parte i navigatori di internet cercano soluzioni a problemi pratici, e con questa formula fai percepire un contenuto veramente pratico. È ovvio che poi il contenuto dell'articolo deve rispettare rigorosamente i benefici del titolo.

Un'altra efficace strategia per rendere il tuo titolo attraente agli occhi degli utenti è quella di creare degli articoli formati da elenchi e con titoli del tipo: *I 10 segreti dell'internet marketing,* oppure *Le 5 tecniche segrete per far innamorare il tuo partner.* Puoi convenire con me che per chi è interessato all'internet marketing o alle tecniche in campo sentimentale un titolo del genere sarà cliccato 90 volte su 100.

SEGRETO n. 27: utilizza la tecnica *how to* e la tecnica della lista per creare titoli di articoli attraenti per gli utenti.

Adesso che hai imparato i segreti per costruire un blog di successo, devi capire quali sono le reali possibilità di guadagno per la tua attività di blogger.

Se apri un blog con il solo scopo di guadagnare **sbagli di grosso!** Recenti statistiche indicano che solo **1 blog su 99** genera una fonte di denaro accettabile, e per accettabile intendo dai 1000 euro in su al mese. La maggior parte dei blogger fallisce perché:

- non dedica abbastanza tempo a curare, ottimizzare e promuovere il proprio blog;
- dà per scontato che, una volta scritto l'articolo, i lettori vengano da soli (**molto sbagliato**);
- scopiazza gli articoli di altri blog;
- vuole risultati immediati e non sa attendere;
- non offre valore per i suoi lettori.

Capisci bene che dovrai fare l'esatto contrario di tutto ciò per avere successo.

Tra i metodi più acclamati (e utilizzati) per monetizzare il traffico del tuo blog c'è *Google AdSense*. Ho letto molte guide sia italiane che straniere in merito, e posso dirti che ci sono degli esempi di persone che hanno guadagnato cifre a 4 zeri con questo sistema. Ma esiste un piccolo problema: per guadagnare con AdSense devi beneficiare di alcune cose.

La prima è che devi avere un minimo di 1000 visitatori al giorno, templates (modelli grafici) ottimizzati per AdSense, un giusto numero di parole chiave per far apparire gli annunci e infine non devi avere tanti contenuti nelle tue pagine, altrimenti distrarrai i tuoi visitatori dal cliccare sugli annunci.

Non basta. In tanti manuali su AdSense si parla del fatto di avere 100/200 siti appartenenti a una determinata nicchia e ottimizzati per gli annunci in modo da guadagnare cifre considerevoli. Dietro un sito ci sono mesi e mesi di lavoro. Pensa alla parte grafica, ai contenuti testuali, allo studio dell'usabilità, alle politiche di indicizzazione e posizionamento ecc. Se tu vorrai passare il resto della tua vita a creare centinaia di siti, accomodati pure, io preferisco altro.

SEGRETO n. 28: evita di investire tempo e risorse con Google AdSense, è un metodo di guadagno che all'inizio non ti darà soddisfazioni.

Quello che preferisco è concentrarmi sui contenuti del blog. Cosa vuol dire? Significa che, data la natura strettamente personale e originale di ciascun blog, e quindi di ogni blogger, devi utilizzare questo strumento per diffondere la TUA conoscenza.

Puoi diffondere la tua conoscenza recensendo e pubblicizzando un prodotto o un servizio che conosci molto bene. Se fornisci ai tuoi lettori informazioni veramente originali, che non si trovano facilmente in giro e che derivano da un'attenta analisi dei benefici/limiti di quel prodotto, allora avrai veramente in mano uno strumento, il blog, che potrà cambiare la tua vita.

Questa è la strada abbondantemente percorsa dai grandi blogger americani e dai vari siti che pagano per recensire prodotti o servizi come *PayperPost* e il più remunerativo *ReviewMe*.

È molto interessante capire come funziona ReviewMe. Questo sito ti offre del denaro per mostrare una recensione nel tuo blog di 200 parole. La recensione deve essere più obiettiva possibile, quindi non sei obbligato a lodare il prodotto, puoi essere assolutamente obbiettivo e, se non vale, dirlo. La cifra che ReviewMe ti offrirà sarà proporzionata alla classifica Techorati, all'Alexa Pagerank e agli iscritti ai Feed RSS del tuo blog.

Per quanto concerne la situazione italiana, la soluzione più remunerativa è ormai l'ampiamente diffuso *Blog Affiliate Marketing*, ossia mettere in atto tutte le **strategie** per vendere attraverso il tuo blog prodotti o servizi creati da terzi e prenderti una percentuale sul prezzo d'acquisto. In teoria questa modalità di "fare affari" è fantastica perché ti devi preoccupare solo di avere un blog e di mettere il tuo link di affiliazione... Sembra facile come bere un bicchier d'acqua. In pratica non è così, come ogni cosa devi avere le giuste strategie e metodi sperimentati; il vantaggio è che li puoi trovare in questo ebook.

SEGRETO n. 29: investi il tuo tempo e le tue risorse nel Blog Affiliate Marketing.

Vediamo adesso i 4 segreti per trarre il meglio dal tuo blog con le affiliazioni:

1.   Crea una *base di lettori* prima di inserire qualsiasi link di affiliazione.

Questo è il primo segreto e anche il più importante. Inizia il tuo blog **parlando** ai tuoi futuri lettori delle tue competenze o passioni, cerca di inserire articoli che stimolino la curiosità seguendo le strategie prima illustrate. Datti questa priorità per i primi due mesi di attività, ossia per un periodo sufficiente alla diffusione del blog, senza pensare a soldi né tantomeno ad affiliazioni.

Questo è il solo e unico metodo per poter **fidelizzare** i lettori e aprire la loro "mente" ai prodotti che sponsorizzi hai intenzione di sponsorizzare. Non preoccuparti di non avere tanti visitatori, anzi, quei pochi visitatori ti faranno fare più soldi di qualunque altra cosa. Infatti, se riesci a creare una piccola comunità, diciamo 50 persone che seguono il tuo blog e sono inscritte ai tuoi feed RSS, avrai sicuramente maggiore possibilità che al momento giusto acquisteranno ciò che proponi. Al contrario, anche **migliaia di visite "casuali"** sicuramente non ti porteranno allo stesso risultato perché si tratta spesso di visitatori "atterrati" sul tuo blog per caso, magari mentre stavano cercando tutt'altra cosa.

Se non seguirai questo primo punto, iniziando a inserire link di affiliazione a destra e a manca senza offrire **valore gratuito** ai tuoi lettori, le tue entrate saranno insoddisfacenti!

SEGRETO n. 30: creati un buon gruppo di persone che seguono i tuoi articoli e poi inizia a monetizzare le tue conoscenze.

2.   Focalizzati sulle *persone* non sui prodotti.

La maggior parte dei blogger mette il link di affiliazione o crea una breve recensione del prodotto, pensando che, essendo il prodotto che sponsorizzano una bomba, i visitatori non debbano far altro che cliccare e comprare automaticamente ciò che viene suggerito. **Non è così!**

Fermati un attimo e rifletti con me: cosa fa decidere al visitatore di cliccare sul link di affiliazione? La soluzione si cela sotto l'obiettivo più importante del marketing: **portare il potenziale cliente all'acquisto**. Ma come fare ciò? Come far cliccare il mio visitatore sul link e quindi come fargli effettuare l'acquisto?

La risposta è: focalizza la tua attenzione **prima sui visitatori** e poi sui prodotti che sponsorizzi. La tua missione, nella recensione che andrai a scrivere all'interno del tuo blog, deve essere quella di immettere nella mente del visitatore una sorta di dubbio amletico. Questo dubbio deve risultare ingarbugliato e tale da poter essere "risolto" soltanto con l'acquisto del prodotto. Ti faccio un breve esempio: mettiamo che sul tuo blog stia scrivendo una recensione di un ebook dal titolo *Come migliorare il rapporto con il tuo partner*. Leggi questa prima recensione:

Nuovo ebook: Come migliorare il rapporto con il tuo partner
Con questo ebook potrai finalmente scoprire tutti i segreti per migliorare il tuo rapporto con il tuo compagno o la tua compagna, ci sono strategie dei più grandi sessuologi a livello mondiale. Non puoi perdere questa occasione, è il miglior ebook che ti sia capitato tra le mani... Acquista l'ebook.

Cosa ne pensi di questa recensione? Io la trovo terribilmente **standard,** come quelle che si trovano nella maggior parte dei siti, anche di e-commerce. Non mi trasmette nessuna sensazione umana né insinua nella mia mente un dubbio, mi dice soltanto che è in vendita questo nuovo ebook e che è stato scritto dai migliori specialisti del mondo in quel campo, e poi? Tu credi che sia sufficiente questo tipo di recensione per indurmi a cliccare sul link e acquistare l'ebook? Assolutamente no, e questo **semplicemente perché è orientata al prodotto e non al visitatore**. Leggi questa seconda recensione:

Perché non sei totalmente felice con il tuo partner?

*Purtroppo capita spesso di non sentirti in sintonia e quindi non totalmente felice con il tuo partner, semplicemente perché sei troppo preso da altre cose della tua vita, come lo stress del lavoro, la voglia di fare carriera, i problemi legati alla tua famiglia. **Adesso fermarti e rifletti**: se continui così, pensi che potresti perdere definitivamente la fiducia e l'amore del tuo partner? Certo, può succedere, o forse no... Leggi questo ebook.*

Ti è piaciuta la recensione? Ammettilo, ti venuta voglia di leggerlo ☺… Scherzi a parte, con questa recensione hai preso tre piccioni con una fava. Infatti hai offerto valore gratuito (Segreto 1) spiegando il **perché** non si è totalmente felici con il proprio partner; hai instaurato una sorta di dubbio nelle mente di chi legge (a partire dal titolo e finendo con la frase magica «*o forse no…*»); hai scritto focalizzandoti sul visitatore e non sull'ebook, offrendo la soluzione ai suoi possibili problemi di coppia.

È questo il modo in cui devi strutturare un articolo di successo per poter avere la massima percentuale di conversione da parte di visitatori e potenziali acquirenti che cliccano sul tuo link di affiliato.

Ricordati che anche se scrivi articoli di questo genere, devi comunque sempre tenere in considerazione le importantissime parole chiave sia nel titolo che nel corpo dell'articolo. Ti ci vorrà sicuramente un po' più di tempo per strutturare un articolo orientato sia al visitatore che ai motori di ricerca ma, fidati, vedrai sicuramente ottimi risultati.

SEGRETO n. 31: scrivi i tuoi articoli concentrandoti sui bisogni delle persone e non sui prodotti che sponsorizzi.

3. Non concentrare i tuoi articoli sui prodotti che sponsorizzi.

Nel fare marketing all'interno del tuo blog devi, però, stare molto attento. Il blog non è fatto per vendere, è fatto per **parlare!** Persino i grandi dirigenti d'azienda che gestiscono il proprio *Corporate Blog*, e che avrebbero tutte le ragioni per parlare del loro prodotto sul blog, evitano questa tentazione e preferiscono parlare dei loro prodotti solo quando è strettamente necessario.

Quindi fissa in mente una cosa fondamentale: **non concentrare i tuoi articoli sui prodotti che sponsorizzi!** Se farai questo il tuo blog verrà subito etichettato dai tuoi lettori come "commerciale" e, credimi, le possibilità di affermare il tuo blog saranno pari a zero.

La strategia utilizzata dai più grandi blogger è quella di scrivere una recensione su un prodotto che sponsorizzano con la frequenza di **1 articolo ogni 5/6 articoli che offrono valore gratuito**. In questo modo i lettori che ti seguiranno capiranno che il tuo blog è un blog che "parla" non che "vende", e accoglieranno con la mente più aperta la tua recensione su quel prodotto.

SEGRETO n. 32: scrivi le recensioni dei prodotti che vuoi pubblicizzare con la frequenza di 1 articolo ogni 5/6.

4. Occhio alla nicchia!

Le affiliazioni funzionano bene se inserite in modo contestuale al contenuto della tua nicchia. Ciò vuol dire che se la tua nicchia riguarda i libri scolastici, anche se scrivi un articolo su sei su un software di sviluppo siti, fidati, pochi lo leggeranno e nessuno lo acquisterà.

Un buon 90% dei blog che ho visitato (credo circa un migliaio) riempie letteralmente il proprio blog di annunci pubblicitari che non hanno nulla a che vedere con il proprio target di utenti (ammesso che ne abbiano uno).

Questa esagerazione è adattabile alle campagne di marketing di tipo tradizionale, come ad esempio le continue interruzioni pubblicitarie in televisione o alla radio, in cui lo spettatore/ascoltare viene tartassato da annunci commerciali di tutti i tipi. Seth Godin definisce queste strategie con il nome di «*Interruption Marketing*», o marketing dell'interruzione, che è basato su centinaia di migliaia di pubblicità gridate a un pubblico che non ha deciso di ascoltarle. Pensa che gli stessi creatori di queste colossali campagne pubblicitarie si dicono soddisfatti della riuscita della campagna se hanno "convinto" il 2% del totale della popolazione di riferimento. Certamente questo non è il nostro obiettivo.

Quindi non riempire il tuo blog con annunci e link di affiliazione che non rientrano nella nicchia del tuo pubblico. Se parli di ricette consiglia un libro sulle ricette e non uno sul come guadagnare online, e viceversa. In questo modo avrai molto più del 2% di visitatori "convertiti". Mi raccomando **occhio alla nicchia!**

SEGRETO n. 33: seleziona i prodotti/servizi che andrai a recensire in base alla nicchia di cui sei competente.

5. Segui le linee guida di Google per il tuo blog di affiliazione.

Devi sapere che i siti o i blog che contengono annunci a siti che offrono programmi di affiliazione vengono visti da Google in un modo particolare. Per essere più precisi Google giudica i siti affiliati al fine di **aumentarne il posizionamento,** prendendo in considerazione 4 elementi molto importanti:

- Percentuale di contenuto dei programmi di affiliazione rispetto al resto del contenuto del tuo blog. All'interno del tuo blog il contenuto relativo alle tue affiliazioni **deve rappresentare** una minima parte in confronto ai contenuti dei tuoi articoli.

- Più il contenuto del tuo blog è il linea con il **settore** dei programmi di affiliazione maggiore sarà il tuo posizionamento nei risultati di Google e di conseguenza il tuo guadagno. Ad esempio, se il tuo blog parla di tecniche di seduzione, presentare un link di affiliazione che riporta a un corso o a un ebook che parla di seduzione **è un'ottima strategia.**

- Per sfruttare il più possibile la tua affiliazione devi creare una **forte interazione** con i tuoi utenti e spingerli a interagire con il tuo blog attraverso:

  a) *commenti;*

  b) *sondaggi;*

  c) *recensioni dei tuoi prodotti/servizi;*

  d) *contest virali*: offri la partecipazione a un'estrazione di premi in cambio, ad esempio di un articolo su un altro blog che punta al tuo sito, oppure inserisci all'interno del tuo blog la scritta: «*Iscriviti ai miei Feed RSS(o alla mia newsletter): puoi aumentare il tuo traffico web mettendo il link del tuo blog gratuitamente sul mio spazio pubblicitario per una settimana...* » e poi spieghi che verrà sorteggiato ecc.

Con questa strategia aumenterai notevolmente gli iscritti ai tuoi feed RSS o alla tua mailing list (fondamentale per future offerte dei tuoi prodotti/servizi), e stimolerai sicuramente la curiosità dei lettori e la partecipazione poiché ti chiederanno se è tutto vero, in quale posizione andrà il link, se dura veramente una settimana ecc.

La costituzione di una comunità online che gira attorno a un blog è uno degli elementi più importanti per Google che, essendo un'azienda che massimizza il suo risultato, punta a creare **alto valore** per l'utente tramite i risultati di ricerca. Google giudica ottime le comunità online perché offrono un **valore straordinario** all'utente in cerca di informazioni.

Ecco spiegato perché i *forum* e i *blog molto frequentati*, come quello della Bruno Editore, ottengono risultati di ricerca eccezionali con Google.

SEGRETO n. 34: segui le linee guida di Google per ottimizzare il tuo blog per le affiliazioni.

6.   Ottimizza il tuo link di affiliazione.

Per te che hai intenzione di guadagnare con le affiliazioni, ricorda che il tuo link di affiliazione, ossia il link che dal tuo sito porta al sito del venditore per far effettuare l'acquisto, è **fondamentale**. Infatti all'interno del tuo link hai il codice che identifica che quel visitatore che acquista lo hai portato tu dal tuo sito o dalle tue campagne pubblicitarie, e quindi che la provvigione spetta a te.

La cosa più importante che devi assolutamente ottenere è **l'aumento del numero di click dei tuoi visitatori ai tuoi link di affiliazione**, infatti maggiori saranno i click, maggiore sarà la percentuale di visitatori che acquisteranno il prodotto o il servizio dal sito del venditore. In questo può darti un **notevole aiuto** il plugin di WordPress che ti sto per presentare.

Questo plugin permette di nascondere agli occhi del visitatore il tuo intero link di affiliazione, che di norma è facilmente riconoscibile dagli altri link normali poiché è composto da caratteri particolari. Ad esempio, vediamo un link di affiliazione proposto da Bruno Editore:

http://www.autostima.net/shopping/prodotto.php?id_prodotto=255&pp=xxxxx

Come puoi vedere tu stesso questo link di affiliazione presenta caratteri che possono indurre il visitatore a pensare fondamentalmente due cose:

- *«Questo link non è come tutti gli altri, chissà cosa ci sarà dietro, meglio non cliccare...»*
- *«Questo è sicuramente un link di affiliazione, non voglio far guadagnare questo signore, adesso vado e lo compro direttamente dal sito originale...»*

Diciamo la verità, l'atteggiamento nei confronti di un link di affiliazione da parte dei visitatori corrisponde molto spesso a queste due tipologie, e sicuramente non è certo il modo migliore per guadagnare.

Allora qualcuno potrebbe dirmi: «Io nascondo il mio link di affiliazione all'interno di un'immagine o all'interno di un link testuale e il gioco è fatto.» Questa è certamente una buona strategia, ma non la migliore, poiché il tuo link di affiliazione non è del tutto nascosto, infatti è facilmente visibile nella "status bar", ossia nella barra inferiore del tuo browser.

Guarda:

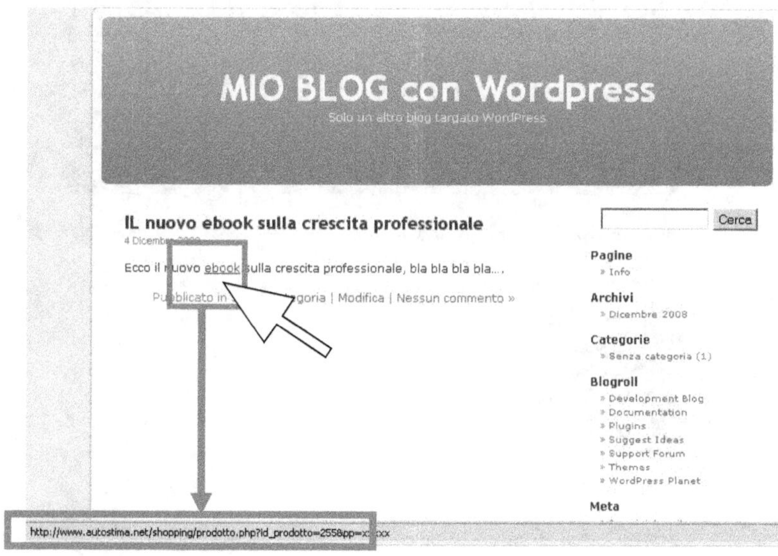

Se passi il mouse sopra il link testuale all'interno del quale hai deciso di "nascondere" il tuo link di affiliazione, noterai che quest'ultimo è completamente visibile nella barra inferiore del browser. La stessa identica cosa accade se, al posto del link testuale, nascondi il tuo link in un'immagine:

Come vedi il problema permane. Il plugin di WordPress che fa al caso tuo si chiama *Link Cloaking Plugin* e, a differenza di plugin con le stesse funzioni, questo è completamente gratuito. Vediamo come configurarlo:

- Per prima cosa devi scaricarlo sul tuo computer e caricarlo sullo spazio web del tuo blog. Il link per scaricare il plugin è http://w-shadow.com/blog/2007/07/28/link-cloaking-plugin-for-wordpress/.

Dopo averlo caricato sul tuo spazio web, procedi alla sua attivazione.

- Dopo averlo attivato vai nella sezione *Impostazioni* del blog e clicca su «Link Cloaking».

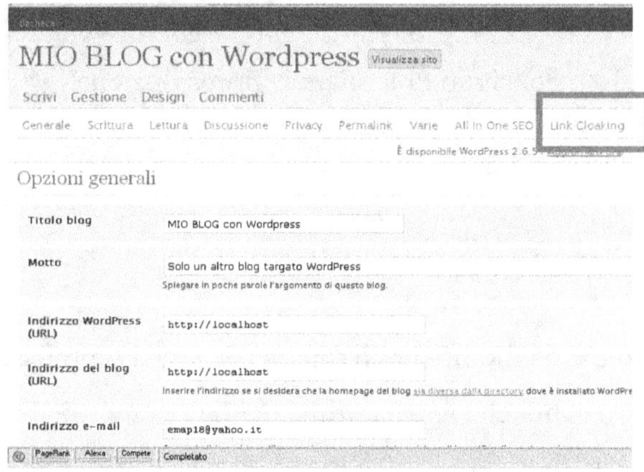

- Le prime 2 opzioni, già spuntate, ti indicano rispettivamente che i tuoi link saranno nascosti nei post (articoli) e nelle pagine. La terza opzione, molto importante, indica ai motori di ricerca di non tenere conto del link nascosto.

Link Cloaking

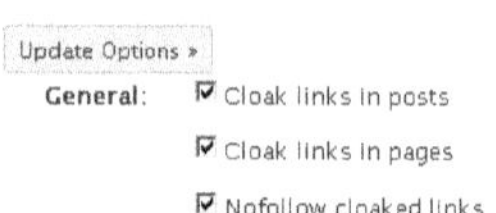

Poi abbiamo l'opzione «Cloaking mode», in sostanza ti indica se nascondere tutti i link o solamente quelli con questo simbolo <!- -cloak-->. Io ti consiglio di lasciare la prima opzione.

In seguito c'è da modificare il *link prefix*, ossia il prefisso del link che noi vogliamo che appaia prima del link nascosto. Ti faccio un esempio per farti capire meglio. Metti che con questo plugin tu voglia nascondere un link come questo: http://www.sitevendor.com/affiliate/?p=xxx, il link diventerà: http://www.tuodominio.com/prefisso/testodeltuolink.

Ecco, quello che devi fare in questa opzione è selezionare la parte relativa al prefisso.

Io, ad esempio, ho messo «Risorse», ho collegato la parola **software** al link nascosto (ti illustrerò come a breve) e quindi il mio link di affiliazione si trasformerà da:

http://www.sitevendor.com/affiliate/?p=xxx, in:

http://www.tuodominio.com/risorse/software.

Come puoi notare c'è una differenza abissale tra il primo e il secondo link, e tu stesso non puoi negare che con un link del genere non hai problemi a cliccarci su, perché obiettivamente pensi che questo link possa essere semplicemente una risorsa e non un link di affiliazione.

Adesso ti mostro come creare un link del genere e inserirlo all'interno del tuo articolo tramite un link testuale oppure tramite un'immagine. Vai sul menu *Gestione* di WordPress e clicca su «Cloaked link»:

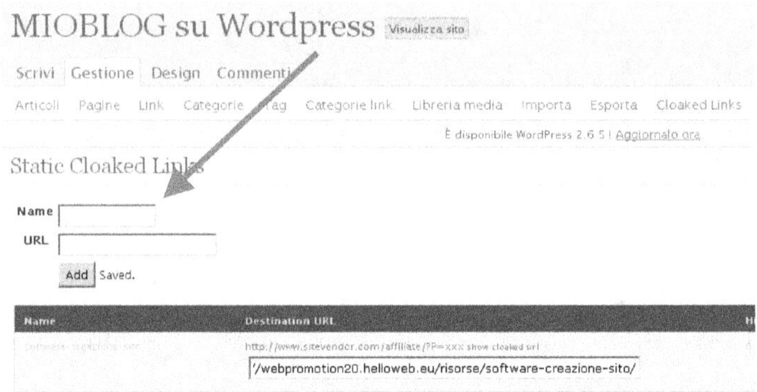

Inserisci in «Name» il nome che vuoi che appaia dopo il prefisso (nell'esempio sopra sarebbe "software"). Un trucchetto molto interessante e molto efficace è quello di mettere «.html» alla fine del nome; ad esempio io ho inserito «software-creazione-sito.html». Questo farà percepire ancora di più che quel link è una semplice pagina html del tuo blog e aumenterà notevolmente la propensione del visitatore a cliccarci su. Considera che un plugin del genere, che ti permette di fare questo in automatico, costa *99 dollari* e tu lo puoi fare gratis grazie a questo ebook.

In «URL» inserisci il link di affiliazione; mi raccomando: il link deve essere esatto e preceduto dal protocollo «http:/ /». Infine premi su «Add» per creare un nuovo link. Immediatamente si creerà un link nella tabella situata nella parte inferiore:

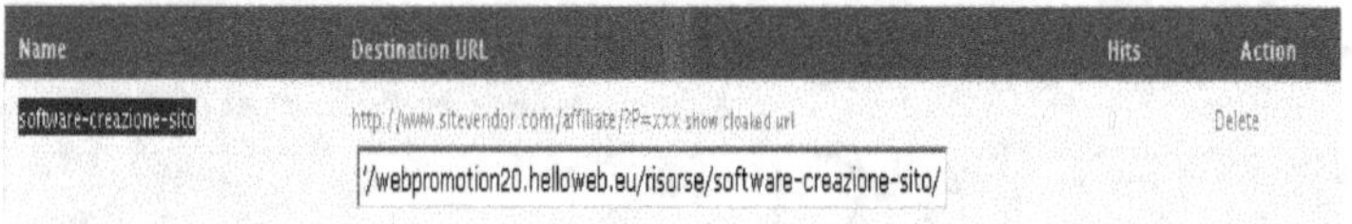

Alla tua sinistra trovi il nome del link, al centro in alto il tuo link di affiliazione, in basso, sempre al centro, il link che ti apparirà nella barra inferiore del tuo browser al posto del tuo reale link di affiliazione. Alla tua destra, invece, la colonna *Hits* mostra la quantità di click che ha ricevuto quel determinato link (dato molto utile per ottimizzare le tue campagne di affiliazione), e infine trovi l'opzione «Delete» per cancellare il link.

Dopo aver creato questo link, la cosa da fare è molto semplice, ossia andare su «Scrivi» per creare il tuo articolo con il tuo link di affiliato. Ad esempio, stai scrivendo una recensione su un software per la creazione automatica di un sito e intendi creare un link di affiliazione mascherandolo nel nome del software (nel nostro caso *Creatore web 3.0*).

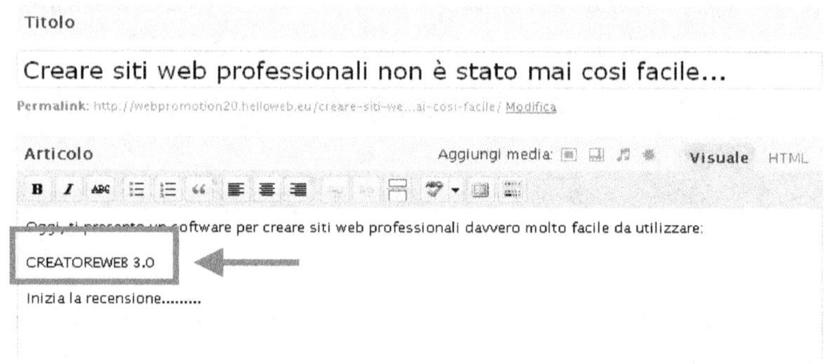

A questo punto devi selezionare la parola in questione e creare un collegamento ipertestuale cliccando sull'icona apposita:

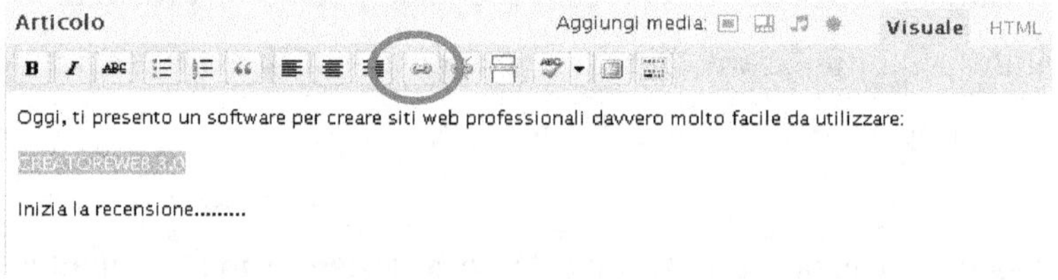

Inserisci il link creato precedentemente:

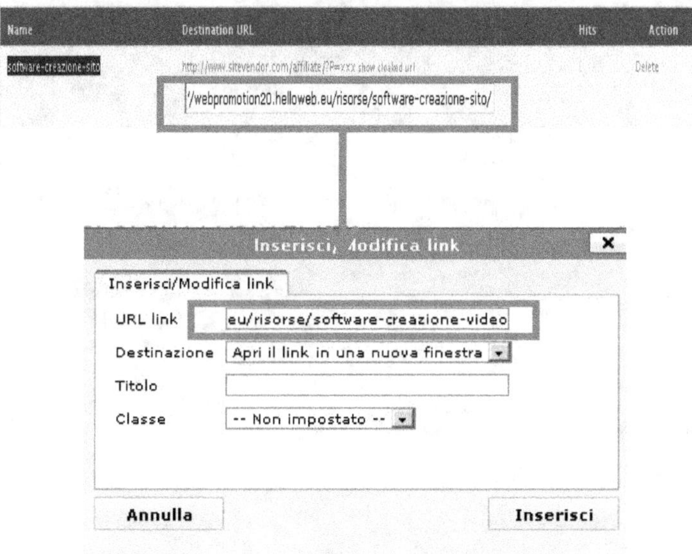

Nel campo «Destinazione» seleziona «Apri il link in una nuova finestra» per fare in modo che quando il visitatore clicca si apra una nuova finestra e il tuo blog rimanga visibile.

Nell'immagine sotto ti simulo il funzionamento del sistema. Il tuo visitatore, e potenziale compratore, passa il mouse sopra la scritta «Creatore web 3.0», perché incuriosito dal tuo articolo, e vede il link creato sotto:

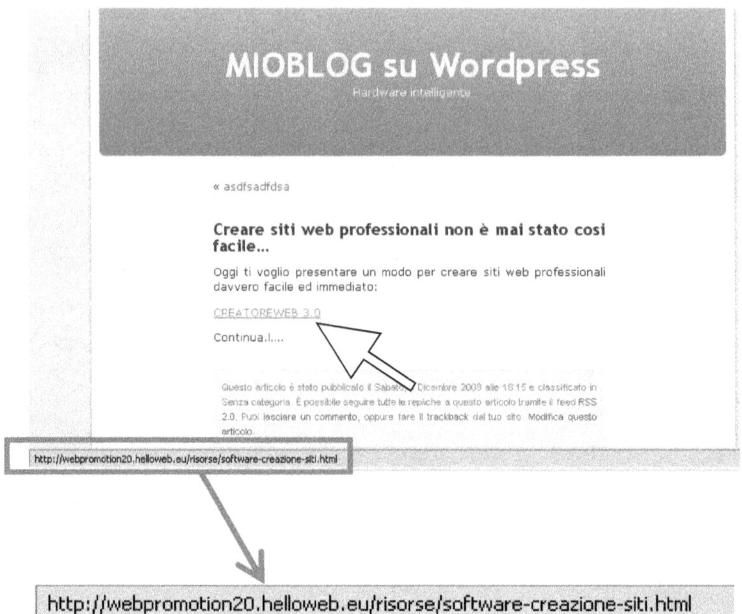

A questo punto il visitatore clicca sul link e viene indirizzato al sito del venditore senza che il tuo reale link di affiliazione venga visualizzato in alcun modo. Ci tengo a precisare che questa tecnica **non vuol dire assolutamente** prendere in giro il visitatore, perché ricordati che devi intendere il Blog Affiliate Marketing come uno scambio **win/win** dove vincono tutti. Vince il visitatore che, grazie al tuo consiglio, si ritrova tra le mani un buon prodotto, e vinci tu che prendi la provvigione dall'acquisto del visitatore.

Questa strategia serve soltanto a rassicurare il visitatore e a invogliarlo a cliccare senza troppe esitazioni. Certo che se poi proponi al visitatore prodotti o servizi scadenti, oppure scrivi una recensione falsa su quel prodotto/servizio, allora lì sì che veramente stai raggirando i tuoi lettori.

Perciò mi raccomando: non prendere mai in giro chi ti legge e segue i tuoi consigli, altrimenti sarà la fine del tuo business. Quindi, abbi **massima cura** del lettore e potenziale cliente.

SEGRETO n. 35: ottimizza il tuo link di affiliazione con il plugin *Link cloaking plugin* per aumentare i click ai tuoi link di affiliazione.

RIEPILOGO DEL CAPITOLO 3:

- SEGRETO n. 26: impara a utilizzare il metodo RoboList per diffondere molto velocemente gli articoli del tuo blog.

- SEGRETO n. 27: utilizza la tecnica *how to* e la tecnica della lista per creare titoli di articoli attraenti per gli utenti.

- SEGRETO n. 28: evita di investire tempo e risorse con Google AdSense, è un metodo di guadagno che all'inizio non ti darà soddisfazioni.

- SEGRETO n. 29: investi il tuo tempo e le tue risorse nel Blog Affiliate Marketing.

- SEGRETO n. 30: creati un buon gruppo di persone che seguono i tuoi articoli e poi inizia a monetizzare le tue conoscenze.

- SEGRETO n. 31: scrivi i tuoi articoli concentrandoti sui bisogni delle persone e non sui prodotti che sponsorizzi.

- SEGRETO n. 32: scrivi le recensioni dei prodotti che vuoi pubblicizzare con la frequenza di 1 articolo ogni 5/6.

- SEGRETO n. 33: seleziona i prodotti/servizi che andrai a recensire in base alla nicchia di cui sei competente.

- SEGRETO n. 34: segui le linee guida di Google per ottimizzare il tuo blog per le affiliazioni.

- SEGRETO n. 35: ottimizza il tuo link di affiliazione con il plugin *Link cloaking plugin* per aumentare i click ai tuoi link di affiliazione.

GIORNO 4:

Costruire la tua personalità online

I blog non rappresentano l'unico strumento che consente di sfruttare le potenzialità del Web 2.0. Infatti esiste ed è molto diffusa una particolare tipologia di comunità online basata non più sulle persone ma sulle **relazioni** che intercorrono tra queste: il **social network**. Questi legami vanno dalla conoscenza casuale agli interessi in comune, dai rapporti di lavoro ai vincoli familiari. Il fenomeno dei social network ha origini statunitensi ed è cresciuto attorno a tre grandi ambiti: quello professionale, quello dell'amicizia e quello delle relazioni amorose.

I social network hanno lo scopo di identificare un minimo comune denominatore tra i propri membri. *LastFM*, per esempio, mette in comunicazione gli appassionati degli stessi generi musicali, *FaceBook* i compagni di scuola, mentre *LinkedIn* chi ha esperienze professionali e competenze affini.

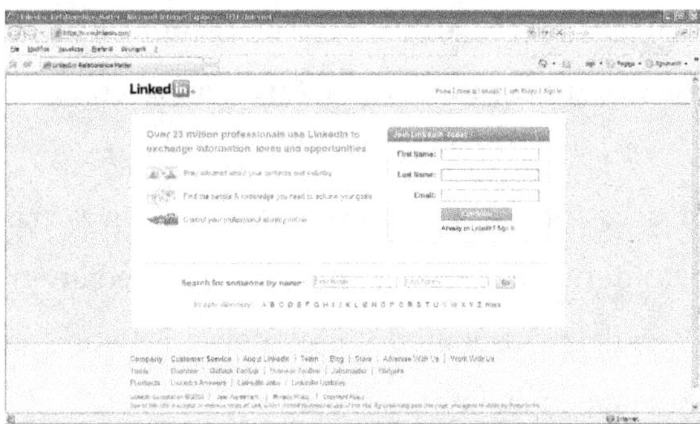

I social network si sono diffusi a tal punto che sono nati dei motori di ricerca orientati al tracciamento non più delle informazioni ma delle persone e del loro profilo in rete, come il l'originale *Spock*. Quindi se vuoi trovare un tuo amico, un tuo parente che non vedi da tanto tempo, prova su Spock, potresti avere delle sorprese.

SEGRETO n. 36: i social network sono uno strumento eccezionale sul quale puntare per farti conoscere.

Per creare e gestire un social network esiste un servizio online specializzato di nome *Ning* che tramite un procedura guidata è in grado di rendere disponibile un social network con molte funzioni. Vediamo i singoli passaggi:

1. Collegati al sito www.ning.com

2. Clicca su «Sign-In» e in seguito su «Get an Account» per registrarti.

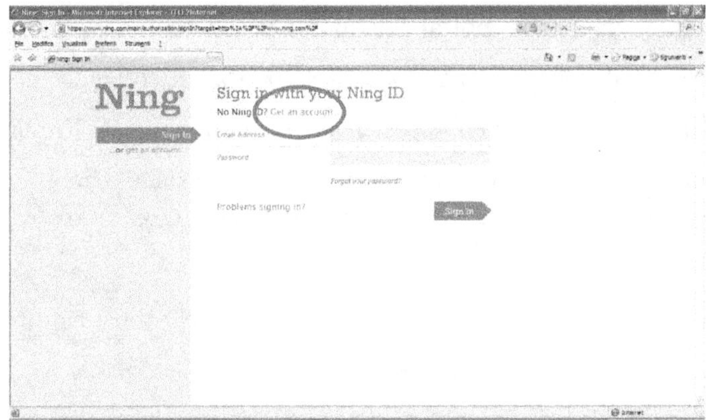

3. Compila la scheda inserendo nome, data di nascita, indirizzo email, la password e il codice di sicurezza. Alla fine clicca su «Sign-Up».

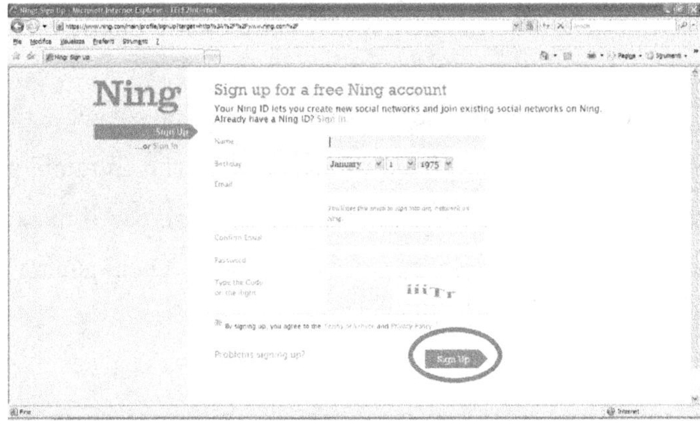

4. Una volta iscritto potrai finalmente accedere ai servizi Ning e creare il tuo personale social network. Ricollegati al sito Ning.com, effettua l'accesso, inserisci il nome e l'indirizzo che vorrai per il tuo social network e clicca su «Create».

5. Compila il modulo scegliendo il nome del social network, l'importantissima Tagline; mi raccomando che entrambi siano ricchi di parole chiave. Scegli anche, se vuoi, che il tuo social network possa essere visto da tutti o solo da quei visitatori che hanno un determinato profilo.

6. In seguito scegli la descrizione, le parole chiave (tags) e la lingua (puoi scegliere anche l'italiano). Per confermare clicca su «Next».

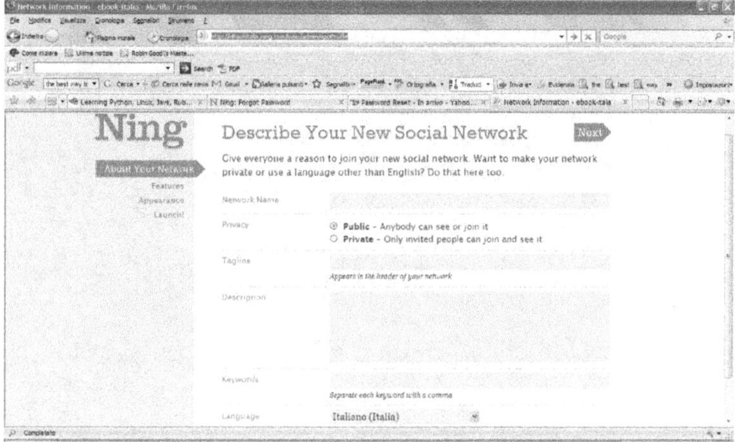

7. Adesso puoi definire il layout e arricchire il tuo social network. La procedura messa a disposizione da Ning è molto facile e intuitiva. Nella colonna a sinistra della figura sotto appaiono tutti gli oggetti che puoi inserire: il forum, il blog, gli RSS, la musica, i video, le foto e altro ancora. Semplicemente clicca su uno di questi elementi e, tenendo premuto il mouse, spostalo nel rettangolo grigio a sinistra e scegli il loro

posizionamento all'interno della pagina del S.N. Al termine clicca su «Successivo».

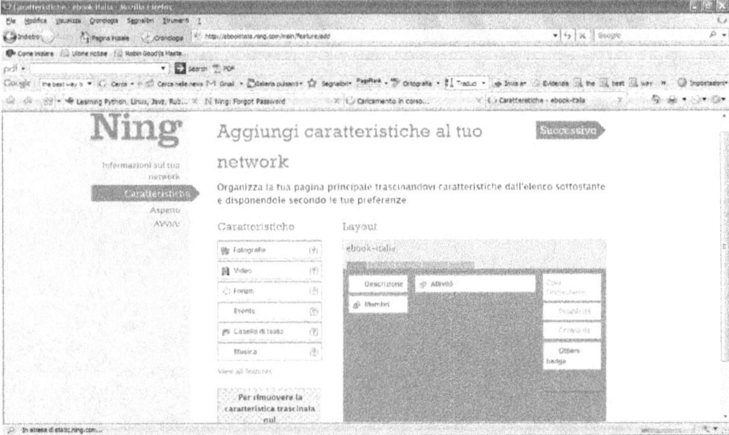

8. Scegli il tema grafico del social network facendo molta attenzione agli elementi di piacevolezza dei colori e di usabilità, scegliendo il tema che possa rendere più facile l'interazione degli utenti . Una volta selezionato il tema hai un'ampia gamma di opzioni di personalizzazione per dare al tuo social network un'identità ben definita. Alla fine clicca sempre su «Successivo».

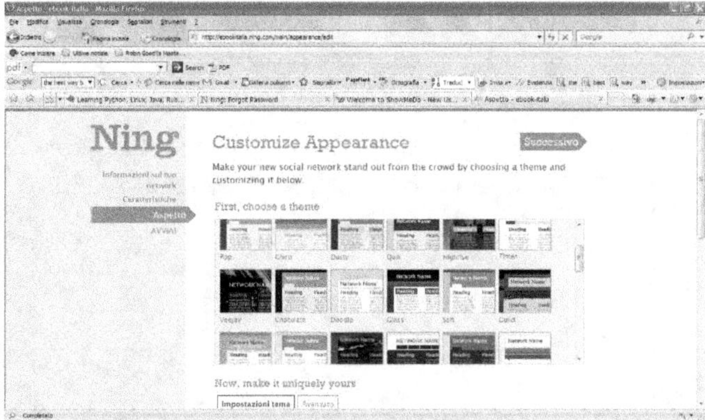

9. A questo punto scegli una password supplementare con la quale potrai creare e gestire tutti i social network creati con Ning. Per confermare clicca su «Go».

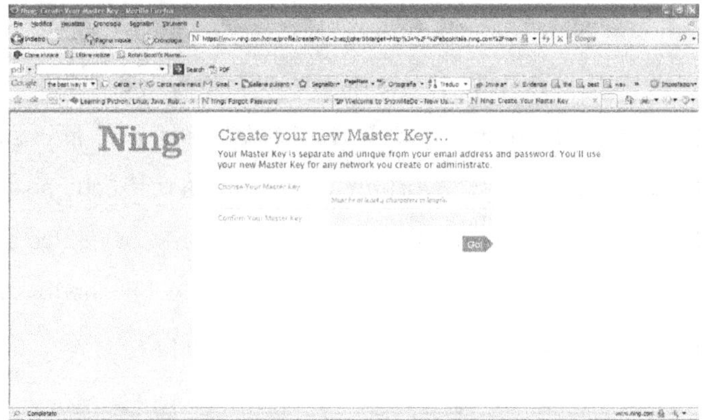

Ecco un esempio di social network costruito con Ning:

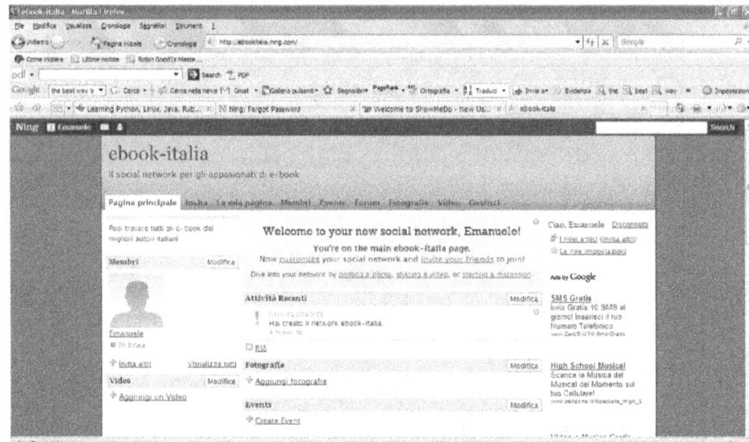

La sintassi che avrà l'indirizzo (URL) del tuo social network creato con Ning sarà: http://*nometuosocialnetwork*.ning.com. Per il social network vale lo stesso discorso fatto per i blog: non ti accontentare dello spazio web fornito. Ning ti offre la possibilità di trasferire il social network in un dominio a tua scelta a soli 4,95 dollari al mese (con il cambio attuale circa 3 euro). Per attivare questo servizio basta accedere al tuo profilo cliccando su «My Social Network» e scegliere «Premium services».

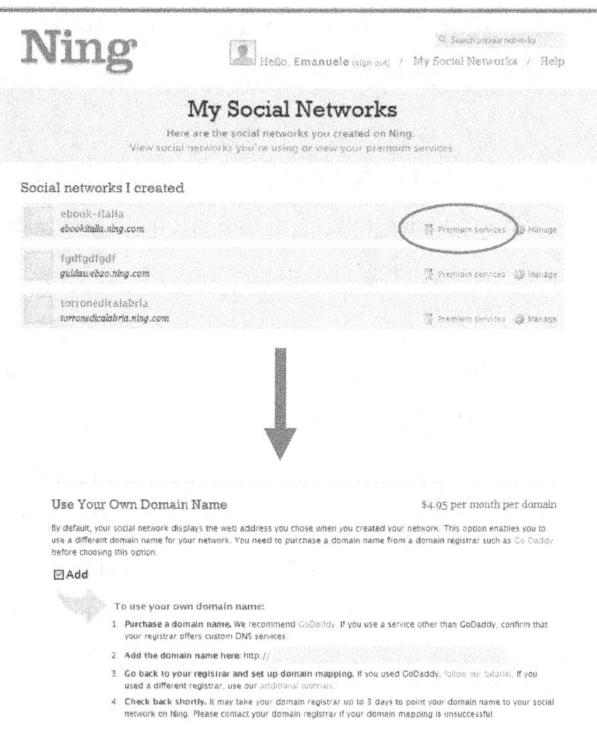

Ning ti offre anche altri servizi, come ad esempio la possibilità di inserire pubblicità a tua scelta all'interno del social network in modo tale da poter guadagnare dalla tua attività di networking, e ancora, puoi acquistare più spazio web e più banda sempre a cifre accessibili a chiunque.

SEGRETO n. 37: per costruire il tuo social network utilizza il miglior servizio online specializzato e gratuito: *Ning.com*.

Adesso che hai imparato come creare un social network in modo semplice e veloce, vediamo alcuni consigli da seguire per rendere il tuo network veramente affascinante.

La prima cosa che devi fare è stabilire con chiarezza lo **scopo** del tuo social network. Tutti i social network oggi presenti in rete sono identificati da uno specifico scopo. Ad esempio *Flickr* di Yahoo! ha il fine di riunire gli appassionati di foto, permettendo loro di condividerle; lo stesso MySpace permette agli utenti di fruire di uno spazio virtuale dedicato per cercare nuove amicizie. Quindi devi concentrarti su cosa puoi offrire ai tuoi futuri utenti. Per fare ciò, è fondamentale creare un network di nicchia, nel quale le persone si possano identificare in passioni, interessi, esperienze comuni.

Per esempio puoi creare un social network per gli appassionati di cucina e ricette, ancora per gli intenditori di vino, per i seguaci di musica pop ecc. Come vedi non è difficile individuare una nicchia alla quale ispirarti.

SEGRETO n. 38: individua una nicchia specifica all'interno della quale le persone possono condividere interessi e passioni comuni.

Il tuo social network deve essere volto a soddisfare le esigenze che gli utenti hanno nel momento in cui decidono di partecipare a una comunità online. Quali sono? Il bisogno principale è quello del **consenso sociale**, ossia l'apprezzamento dei contenuti messi a disposizione nel network, da parte dei componenti della comunità.

SEGRETO n. 39: fai in modo che i tuoi membri siano apprezzati per il loro contributo che danno alla comunità.

La seconda esigenza è quella di **fare nuove amicizie**, nuove conoscenze che in futuro potranno evolversi in veri e propri incontri dal vivo. La terza è il bisogno di **visibilità**: l'utente che partecipa a un social network ha maggiori possibilità che altre persone con interessi affini leggano la sua pagina e il suo profilo.

SEGRETO n. 40: fai in modo che i tuoi membri interagiscano il più possibile tra loro e offri visibilità a chi si iscrive al tuo social network.

Una prerogativa fondamentale di un social network è quella di saper integrare tutte le tecnologie oggi maggiormente diffuse in rete. Sto parlando degli RSS, dei blog, dei video, della musica, dei forum e delle foto. Questa integrazione permette all'utente di avere a disposizione una piattaforma unica per tutte le sue esigenze di comunicazione e condivisione. Con Ning puoi integrare nel tuo social network tutte queste tecnologie soltanto con il movimento del mouse.

Perché non provarci? Perché non dare vita a un tuo network sociale? Se hai la giusta idea e trovi la giusta nicchia, potresti raccogliere un seguito di migliaia di persone e di contatti che, sia in rete che nel mondo reale, costituiscono una ricchezza impareggiabile.

SEGRETO n. 41: costruisci il tuo social network con *Ning.com* tenendo conto delle tecnologie che i tuoi membri richiedono.

Adesso ti voglio parlare del più importante e frequentato social network del mondo, che dà l'opportunità di conoscere migliaia di persone: *Facebook.com*. Facebook è nato nel 2004 per iniziativa di Mark Zuckerberg, uno studente della più famosa Università americana: la Harvard University. Facebook si è sviluppato in sordina per circa 2 anni, fino ad arrivare nel 2007 a comparire nella classifica dei 10 siti più visitati al mondo.

Tradizionalmente nato per relazionare studenti dei college e delle Università americane, oggi Facebook, secondo le statistiche di comScore, conta più della metà degli iscritti non provenienti da ambienti scolastici, e cresce la percentuale di persone di età superiore ai 25 anni.

Nel corso del 2008 Facebook ha registrato un incredibile incremento dei propri visitatori del ben **153%**, contro il 3% del colosso della Fox, MySpace.

Worldwide Growth among Selected Social Networking Sites June 2008 vs. June 2007 Total Worldwide Audience, Age 15+ Home and Work Locations Source: comScore World Metrix	Total Unique Visitors (000)		
	Jun-2007	Jun-2008	% Change
Total Internet : Total Audience	778,310	860,514	11%
Social Networking	464,437	580,510	25%
FACEBOOK.COM	52,167	132,105	153%
MYSPACE.COM	114,147	117,582	3%
HI5.COM	28,174	56,367	100%
FRIENDSTER.COM	24,675	37,080	50%
Orkut	24,120	34,028	41%
BEBO.COM	18,200	24,017	32%
Skyrock Network	17,638	21,041	19%

Facebook, raggiungendo i 132 milioni e passa di visitatori, ha superato MySpace, diventando il social network **numero uno** al mondo. Per quando concerne la situazione italiana, nella classifica di Alexa per l'Italia dei siti più visitati in assoluto, Facebook è dato al 13° posto (una posizione sopra Blogger.com) contro il 18° posto di MySpace, superato anche da Badoo.com.

Andiamo a vedere l'andamento dei due siti su Google Trends:

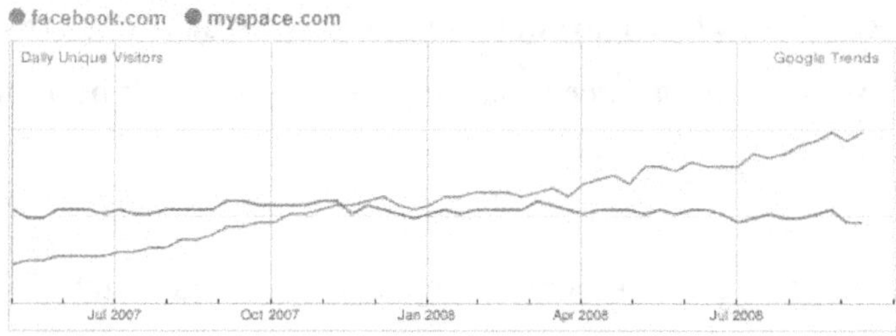

Il grafico mostra e conferma senza dubbi il sorpasso netto di Facebook nei confronti di MySpace proprio all'inizio del 2008. Questi dati dimostrano la straordinaria crescita esponenziale di Facebook nell'ultimo anno, dovuta principalmente al rafforzamento del marchio in ambito internazionale e alle traduzioni del sito in tantissime lingue (69), tra cui quella italiana.

In definitiva, l'incremento esponenziale della popolarità, l'ampiezza del target raggiunto, la conquista di nuove fette di mercato, fanno di Facebook lo **strumento di social marketing e marketing virale per eccellenza.** La cosa più interessante e sorprendete di Facebook è che una volta inserite le tue informazioni, esso rielabora e crea automaticamente **connessioni** e reti di potenziali contatti che potresti aggiungere alla tua lista.

SEGRETO n. 42: per promuovere la tua personalità e attività scegli senza dubbio *Facebook.com*, il social network numero 1 al mondo.

Per sfruttare Facebook come trampolino per "convertire" i tuoi contatti devi considerare in tutto e per tutto il tuo profilo come una pagina di vendita, tuttavia non di prodotti o servizi, come siamo abituati a vedere, ma di **te stesso**.

Ciò vuol dire che se vuoi promuovere i tuoi prodotti o servizi devi utilizzare tutte le tue informazioni (dati personali, info sul lavoro, foto, video ecc.) come dimostrazione *reale* dell'efficacia di quello che vendi. Questo è fondamentale, perché se non dimostri la validità del tuo prodotto o servizio dimostrando che lo utilizzi in prima persona, dimenticati che gli altri potrebbero acquistarlo perché chi ti visiterà penserà: «Se non lo utilizza lui allora perché lo devo comprare io?»

Se vuoi fare attività di promozione con Facebook **devi associare al tuo prodotto la tua identità**, altrimenti ti consiglio di lasciar perdere. La filosofia di Facebook è la totale trasparenza tra i membri; a ciascun profilo è assegnata una **persona reale**, quindi, se vuoi pubblicizzare i tuoi prodotti/servizi devi assumenti la responsabilità in prima persona. Soltanto creandoti una buona reputazione di persona seria e affidabile tra i tuoi contatti potrai ottenere da Facebook molte soddisfazioni.

SEGRETO n. 43: sfrutta *Facebook* per le attività di self-promotion, scendendo in campo in prima persona, dichiarando chiaramente la tua identità.

Mi raccomando, **utilizza Facebook in maniera intelligente**, solo come mero strumento di promozione di te stesso o della tua attività. Ti dico questo perché recenti statistiche hanno mostrato, soprattutto negli Stati Uniti, un calo della produttività del lavoro perché gli impiegati sbirciavano Facebook prendendosi "pause" molto lunghe per aggiornare il loro profilo, per vedere se erano contattati ecc. Questo ha portato alcune aziende a una politica rigida, ma secondo me giustissima, che proibisce l'utilizzo di Facebook durante le ore lavorative.

Facebook può diventare veramente un'ossessione, utilizzalo con cautela e soprattutto non trascorrere giornate intere ad aggiornare ogni minuto il tuo profilo oppure ad aspettare di essere contattato; sfruttalo invece con intelligenza, magari dedicando **1, 2 ore massimo al giorno** per crearti un network di contatti utile per la tua attività. Con Facebook è veramente molto facile!!

SEGRETO n. 44: utilizza Facebook in maniera intelligente, concentrandoti sulla creazione di un network di contatti utili al tuo business.

Adesso parliamo di un altro sistema che ha cambiato radicalmente il modo di creare e diffondere conoscenza condivisa: il **Wiki** (in lingua hawaiana "rapito"). Si tratta di una piattaforma online, al pari del blog, che facilita l'inserimento e la modifica di contenuti di varia natura da parte di un numero potenzialmente illimitato di persone.

Il più famoso e straordinario esempio di questo sistema è *Wikipedia*. Wikipedia è nata nel 2001 per iniziativa dell'americano Jimmy Wales ed è l'enciclopedia online open source sostenuta dalla Wikipedia Foundation, un'organizzazione no profit che, ad oggi, ha realizzato più milioni di dollari in donazione. Wikipedia è il classico esempio di conoscenza condivisa generata dal sapere collettivo. Infatti chiunque può aggiornare, modificare, creare nuove voci, contribuire con la propria conoscenza a creare un'enciclopedia totalmente redatta da persone comuni.

È interessante capire come ha fatto Wikipedia a diventare il punto di riferimento delle ricerche online, superando ogni più rosea aspettativa. Pensa che in lingua inglese si contano più di 2 milioni di voci e in italiano più di 400 mila, senza contare le numerose voci scritte in lingua dialettale come il siciliano e il sardo.

La caratteristica più importante di Wikipedia è che, essendo aperta a tutti, ha potenzialità di sviluppo infinite. Infatti l'utente che fa una ricerca e non trova l'argomento di interesse può, in maniera facile e veloce, creare una nuova voce che a sua volta potrà essere ampliata da altri, in un processo che non si ferma mai.

Oggi Wikipedia conta centinaia di migliaia di volontari che partecipano attivamente alla creazione e correzione dei contenuti. A questo punto è d'obbligo domandarsi: cosa spinge tante persone a contribuire con il proprio sapere a un progetto per cui non è prevista alcuna retribuzione in denaro? La risposta risiede nel fatto che partecipare, contribuire volontariamente porta un beneficio forse più importante del denaro stesso: la **reputazione**. Quest' ultima è l'arma che genera maggior profitto di qualunque altra cosa. Dalla reputazione possono derivare contratti, lavori, inviti a conferenze, consulenze ecc.

La distribuzione gratuita di contenuti, come nel caso di Wikipedia, è una regola del Web 2.0. Essa genera passaparola ed è considerata da molti più efficace di costose campagne pubblicitarie. Grandi nomi del presente e del futuro di internet hanno cavalcato l'onda del gratuito e del passaparola come Google e il browser internet Firefox.

SEGRETO n. 45: *Wikipedia* **ti insegna che offrire contenuto gratuito aumenta la tua reputazione online.**

Wikipedia è uno dei siti più visitati al mondo, con circa 60 milioni di accessi giornalieri. Come sfruttare questa enorme mole di traffico? Wikipedia article traffic statistics ti permette di individuare quante volte una parola è stata ricercata su Wikipedia:

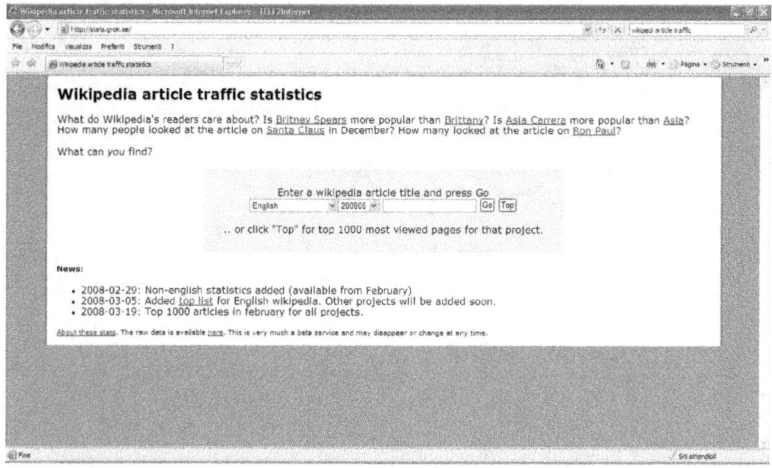

Questo è un servizio diverso da quello offerto, ad esempio, da siti come Google Trends, poiché indica il numero esatto delle parole più ricercate e non l'andamento della ricerca su quel termine. Questo è uno strumento impareggiabile per te, perché il traffico su singoli articoli di Wikipedia è spesso proporzionale alla popolarità del termine su Internet. Questo fantastico strumento è in grado di mostrarti anche la classifica per ogni mese dei **1000**

termini più ricercati su Wikipedia in italiano; ad esempio, la prima pagina della classifica di febbraio è questa:

Wikipedia article traffic statistics

Most viewed articles in February

Rank	Article	Page views
1	Pagina principale	17986714
2	Speciale:Ricerca	16047813
3	Speciale:PaginaCasuale	789150
4	Speciale:Search	664719
5	Special:Search	531674
6	Immagine:Wikiquote-logo-15px.png	376131
7	Special:Export	308064
8	Michelangelo Merisi da Caravaggio	268774
9	Speciale:OsservatiSpeciali	204568
10	Wiki	171994
11	Lost	154352
12	Naruto	151839
13	Italia	150857
14	Wikipedia	146885
15	Speciale:UltimeModifiche	141981
16	Wikipedia:Vetrina	102056
17	Aiuto:Benvenuto	80010
18	Episodi di Naruto: Shippūden	79808
19	YouTube	79716
20	EMule	77963
21	Wikipedia:Bar	76369
22	EMule Adunanza	75536
23	Cloverfield	75278
24	I Cesaroni	74471
25	Kosovo	73923
26	Pene	73242
27	Dr. House - Medical Division	70909
28	San Valentino	69803
29	Roma	69528
30	Emo	69346
31	Masturbazione	67891
32	Silvio Berlusconi	64277
33	Wikipedia:Trama	64195
34	Wikipedia:Cita le fonti	63404
35	Episodi di Lost (quarta stagione)	60790
36	Prima guerra mondiale	59683
37	Episodi di Naruto	57438
38	Aiuto:Aiuto	56957

La lista continua fino all'ultima voce che, nonostante sia la millesima, conta ancora circa 11.000 ricerche. Presto il sito verrà aggiornato con nuove statistiche e, secondo me, diventerà il punto di riferimento per la ricerca di parole chiave sul web.

Quindi, puoi creare dei contenuti sul tuo blog o aprire una discussione sul tuo social network in merito, magari affiancando qualche recensione di un prodotto o servizio affine. Questa strategia, se studiata bene, può portare a un aumento sostanziale del traffico internet.

SEGRETO n. 46: sfrutta il traffico di Wikipedia con *Wikipedia article traffic statistics*, per conoscere gli argomenti più ricercati su Wikipedia e generare contenuti per il tuo blog.

RIEPILOGO DEL CAPITOLO 4:

- SEGRETO n. 36: i social network sono uno strumento eccezionale sul quale puntare per farti conoscere.

- SEGRETO n. 37: per costruire il tuo social network utilizza il miglior servizio online specializzato e gratuito: *Ning.com*.

- SEGRETO n. 38: individua una nicchia specifica all'interno della quale le persone possono condividere interessi e passioni comuni.

- SEGRETO n. 39: fai in modo che i tuoi membri siano apprezzati per il loro contributo che danno alla comunità.

- SEGRETO n. 40: fai in modo che i tuoi membri interagiscano il più possibile tra loro e offri visibilità a chi si iscrive al tuo social network.

- SEGRETO n. 41: costruisci il tuo social network con *Ning.com* tenendo conto delle tecnologie che i tuoi membri richiedono.

- SEGRETO n. 42: per promuovere la tua personalità e attività scegli senza dubbio *Facebook.com*, il social network numero 1 al mondo.

- SEGRETO n. 43: sfrutta *Facebook* per le attività di self-promotion, scendendo in campo in prima persona, dichiarando chiaramente la tua identità.

- SEGRETO n. 44: utilizza Facebook in maniera intelligente, concentrandoti sulla creazione di un network di contatti utili al tuo business.

- SEGRETO n. 45: *Wikipedia* ti insegna che offrire contenuto gratuito aumenta la tua reputazione online.

- SEGRETO n. 46: sfrutta il traffico di Wikipedia con *Wikipedia article traffic statistics*, per conoscere gli argomenti più ricercati su Wikipedia e generare contenuti per il tuo blog.

GIORNO 5:

Promuoverti con video e podcast

Un aspetto di fondamentale importanza nel Web 2.0 è la diffusione planetaria dei siti di video sharing (condivisione video) alla YouTube. Alzi la mano chi non ha mai visto un video su YouTube!!

Il fenomeno del video sharing si è diffuso per la concomitanza di due aspetti:

1. affermazione del formato Flash (FLV) come standard universale per la trasmissione in streaming;
2. diffusione della banda larga e delle connessioni *always on* (connessioni permanenti a internet) che permettono una più fluida e veloce trasmissione dei video online.

YouTube è sicuramente l'eccellenza in materia, pensa che la sua piattaforma conta circa 100 milioni di video visti giornalmente e oltre 100 mila video caricati ogni giorno. Questo strumento si è rivelato, ben presto, una soluzione a basso costo per promuovere la propria attività o il proprio sito web. Infatti, da qualche tempo "gira" online il termine *YouTube Marketing*.

Adesso, che tu voglia promuovere un prodotto fisico o digitale non fa differenza, creare e caricare online il proprio video è un "must" del Web 2.0, tanto che un sito, *Zooppa*, ti paga migliaia di euro per realizzare un video originale su un determinato prodotto o marca.

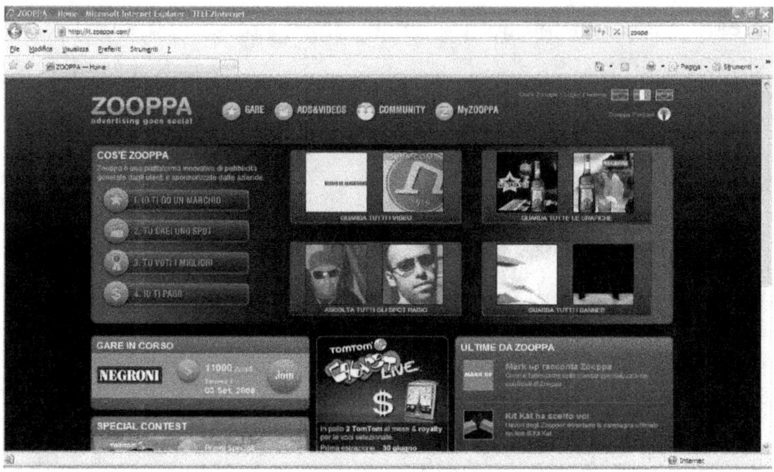

Zooppa è una start-up italo-americana che racchiude nella sua mission aziendale il concetto di "user generated advertising", cioè pubblicità creata dagli utenti. Il lavoro e la creatività degli utenti che partecipano alle gare (contest) per la pubblicità migliore vengono valutati e votati dalla stessa comunità. Zooppa premia il vincitore di ciascuna gara basandosi sui commenti e sulle votazioni del pubblico.

Per creare video di prodotti fisici puoi utilizzare una videocamera digitale o addirittura il cellulare, e in seguito li puoi caricare sul computer tramite gli appositi cavi USB o tramite bluetooth. Per creare video di prodotti digitali, tipo software o ebook, hai bisogno di un apposito programma che ti insegnerò ad utilizzare in seguito.

SEGRETO n. 47: il fenomeno della condivisione video è in costante crescita, per questo motivo devi investire su di esso.

Adesso devi concentrarti sulla struttura dei video, infatti per creare dei video virali, ossia dei video originali che per contenuto e natura riescono a diffondersi molto rapidamente, devi conoscerne i segreti e le caratteristiche. Vediamone i dettagli.

La durata del video

Gli utenti online che guardano i video in streaming stanno aumentando a vista d'occhio, ma questi ultimi, a differenza dei frequentatori di cinema e spettatori della televisione, hanno differenti scopi. Lo spettatore del video online non ha né il tempo e né la voglia di aspettare il caricamento in streaming di video troppo lunghi, perciò preferisce i video di brevissima durata, che si caricano subito e che si **focalizzano** su un'idea, una rappresentazione.

Per questo nel rappresentare il tuo prodotto, la tua attività o il tuo sito tramite video devi tenere conto di queste necessità e creare video di massimo 1 o 2 minuti che racchiudano i principali vantaggi e benefici di ciò che intendi pubblicizzare.

SEGRETO n. 48: crea video che abbiano una durata massima di 1 o 2 minuti e che si focalizzino su un'idea.

La rappresentazione del video

La diffusione virale di un video online è proporzionata alla sua capacità di colpire lo spettatore con qualcosa di speciale che lo porta a un'irresistibile voglia di "parlarne" ad altri. Uno spettatore che vedrà un video che gli è piaciuto informerà tutti quelli che conosce dicendo loro: «Dovete assolutamente guardare questo video, è fantastico!» Ma cos'è quella cosa così speciale che mi spinge a far vedere il video a tutti quelli che conosco? Nel 99% dei casi a fare la differenza è l'elemento "comico", in sostanza la questione è che deve trattarsi di un video **divertente**.

Mi ricordo dei favolosi video diffusi su YouTube in cui comparivano due persone che facevano la parte rispettivamente del *PC* della IBM – e quindi di Microsoft – e del Mac della Apple. Guardalo e studia bene i particolari: dura poco? Sì. È divertente? Sì, molto!

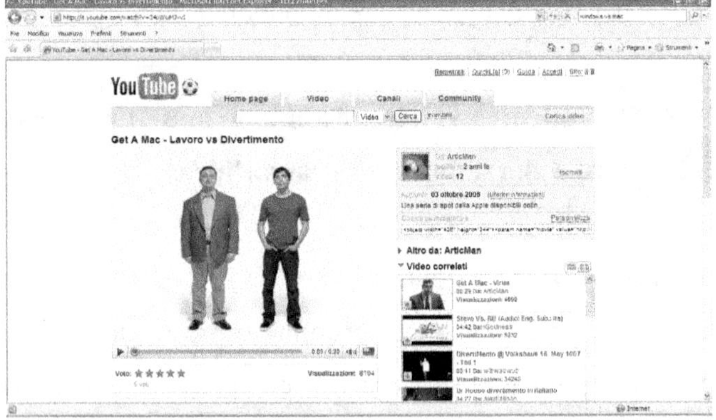

Perché un video sia divertente non vuol dire che debba necessariamente far sbellicare dalle risate, alcune volte bastano quei pochi secondi in cui spunta la battuta sarcastica oppure in cui succede qualcosa di inaspettato.

Un altro video che ha letteralmente spopolato su YouTube e ha fatto la storia dei video virale è sicuramente la campagna di un'azienda americana che produce frullatori e macchine per la cucina che, proprio grazie a questi video, è diventata ormai famosissima: la Blend Tech. Fin qui niente di strano, ma ti invito a guardare subito questo video:

Lo hai visto? Non è fantastico, interessante, sconvolgente, divertente? Be' io credo che vedere un Iphone, che costa la bellezza di 500 €, che viene sbriciolato in pochissimi secondi da un frullatore che molto probabilmente ne vale meno della metà non sia una cosa che vedi tutti i giorni.

Bene, questa è stata la trovata pubblicitaria di quest'azienda che ha scelto YouTube come mezzo di diffusione dei propri video, guadagnando una fama e un successo veramente inaspettati. Pensa che il video sopra ha totalizzato quasi 6 milioni di visualizzazioni e ben 12.000 commenti, senza contare l'enorme mole di traffico che sarà piombata nel sito dell'azienda. Come forma di passaparola online direi che ha funzionato in modo eccellente. La BlendTech non si è fermata all'Iphone ma ha "testato" l'efficacia dei suoi frullatori con Ipod, Tom-Tom, la consolle Wii di Nintendo ecc. insomma, con i prodotti più famosi e diffusi al mondo, e oggi ha conquistato una notorietà eccezionale per non parlare dei profitti.

Quindi, qualunque cosa tu voglia pubblicizzare attraverso un video, rendilo comico, divertente, sarcastico, interessante, sconvolgente. Solo così riuscirai a stimolare il passaparola e a far lievitare gli spettatori del tuo video.

SEGRETO n. 49: prendi esempio dai più grandi successi nella storia del video marketing per creare la tua campagna.

La struttura del video

Adesso ti mostro come strutturare il tuo video con l'inserimento del tuo indirizzo web, per pubblicizzare in modo costante la tua attività all'interno del video senza disturbare la visione dello stesso da parte del tuo spettatore. Come esempio prendiamo un video che su YouTube ha avuto più di 2 milioni di visualizzazioni e circa 9 mila commenti a suo favore. Il video in questione lo trovi a questo indirizzo, dura 1 minuto e mezzo; mostra un giovane ragazzo che canta una canzone sui segni delle gang americane. Vediamone le caratteristiche:

Il video presenta il riferimento al sito web dell'autore praticamente in ogni momento, ossia all'inizio, mentre il ragazzo canta e alla fine. Un video strutturato in tal modo dà riferimenti costanti allo spettatore. Ad esempio la visualizzazione permanente del riferimento permette a chi guarda il video di collegarsi **in qualsiasi momento** al sito dell'autore e visitarne i contenuti.

Ma noi, in questo ebook, oseremo di più. Infatti, mentre in questo video la schermata iniziale e quella finale sono **identiche**, noi andremo ad aggiungere nella parte finale un vero e proprio **invito all'azione** e quindi a visitare il nostro sito web del tipo:

Bene, come puoi comporre un video del genere in poco tempo e senza nessuna competenza di video editing? È presto detto! Esiste un software per la modifica di video totalmente in italiano, totalmente gratuito e, a mio avviso, comparabile con molti software del genere a pagamento, si tratta di *Windows Movie Maker*.

Questo software è incluso generalmente all'interno del pacchetto di installazione di Windows XP, se per qualche motivo non lo ritrovi nel menu dei programmi, lo puoi scaricare da qui.

Adesso vediamo come strutturare con Windows Movie Maker un video come quello dell'esempio.

1. Apri Windows Media Player. Clicca su *File > Importa nelle raccolte…* A questo punto seleziona il video precedentemente caricato su tuo PC e clicca su «Importa». A questo punto dovrebbe uscire nell'interfaccia del programma l'anteprima del video selezionato.

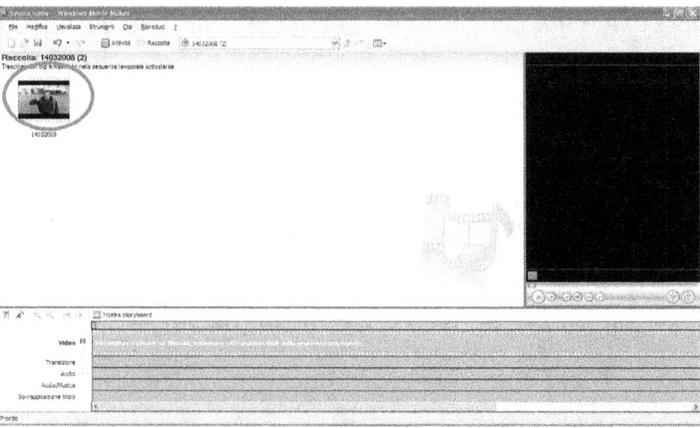

2. Adesso clicca sull'anteprima del video e trascinala all'interno della barra di montaggio situata nella parte inferiore dell'interfaccia del programma:

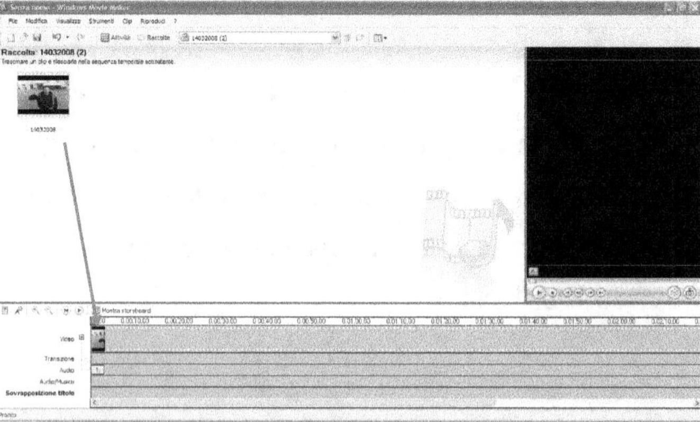

3. Per inserire il primo riferimento all'inizio del video clicca su *Strumenti > Titoli e riconoscimenti… > Aggiungi il titolo all'inizio del filmato.*

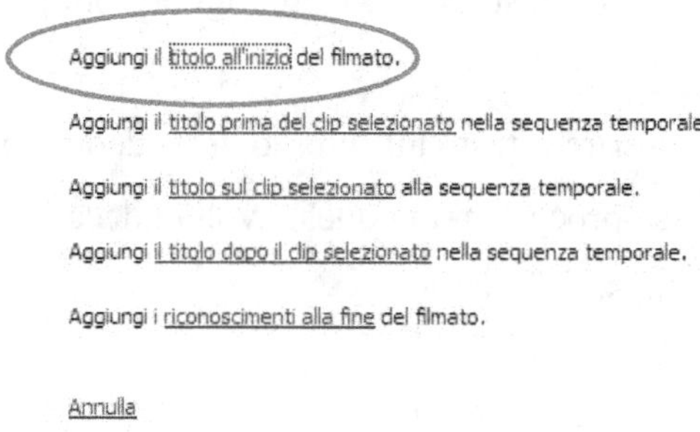

4. Inserisci il testo che vuoi che compaia all'inizio del video. Io ad esempio ho scritto www.miosito.com.

In questa fase puoi cambiare sia l'animazione del titolo che il colore dello sfondo e del testo. Io ho scelto uno sfondo nero con scritta bianca, proprio come nell'esempio. Dopo aver inserito il testo clicca su «Fine. Aggiungi il titolo al filmato».

5. Passiamo a inserire il testo all'interno del video vero e proprio. Ripeti la stessa procedura ma questa volta clicca su «Aggiungi il titolo sul clip selezionato»:

Adesso devi fare in modo che il testo che inserisci non vada a minare la visione del video. Per fare questo clicca su «Cambiare l'animazione del titolo» e seleziona l'opzione «Sottotitolo» tra quelle disponibili:

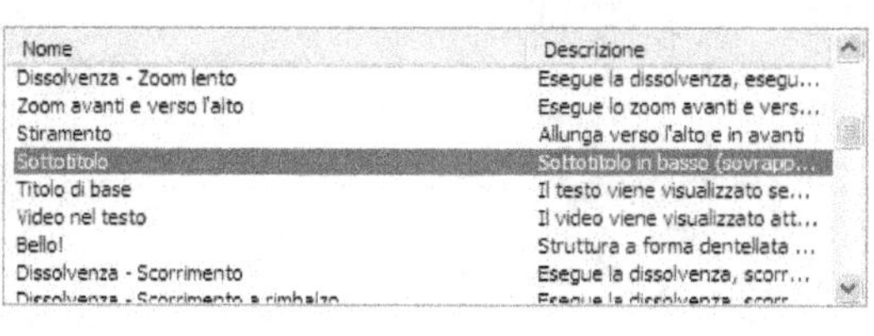

6. A questo punto siamo quasi alla fine del montaggio, devi soltanto inserire la sequenza finale che mostra ancora una volta il tuo indirizzo web. A questo scopo non devi fare altro che ripetere il primo procedimento e cliccare su «Inserisci il titolo dopo il clip selezionato».

A questo punto è sufficiente inserire il testo dell'invito all'azione:

Immettere il testo per il titolo
Fare clic su "Fine" per aggiungere il titolo al filmato.

Ti è piaciuto il video?

Vienimi a trovare su www.miosito.com

Ti aspetta un fantastico regalo

Fine   Annulla

Altre opzioni:

Cambiare l'animazione del titolo

Modificare il colore e il carattere del testo

7. Alla fine salva il tutto cliccando su *File > Salva filmato…* e completa la procedura scegliendo dove vuoi salvare il video, il nome del video, la qualità del video.

Questo montaggio è solo un saggio delle possibilità offerte da Windows Movie Maker. Infatti puoi mixare il tuo video anche con suoni, immagini, transizioni video, effetti video, insomma puoi sperimentare veramente moltissime cose e ottimizzare il tuo video tutte le volte che vorrai.

SEGRETO n. 50: struttura il tuo video inserendo l'indirizzo del tuo blog all'inizio, mentre il video viene visualizzato, e alla fine per cercare di portare lo spettatore all'azione che vuoi.

Se intendi creare infoprodotti, quindi *ebook, tutorial sull'utilizzo di un software, un video corso, un video tutorial,* esiste un fantastico software gratuito che ti permette di filmare e registrare le attività del tuo schermo. Si chiama *CamStudio* e lo puoi scaricare da qui. Io utilizzo questo software da anni e ti posso garantire che non ha niente da invidiare ai software a pagamento. Ti illustro i passi da seguire per utilizzare questo software e caricare il video su YouTube e in altre piattaforme di condivisione video. Questa è l'interfaccia grafica di CamStudio:

Una volta aperto CamStudio, osserva i menu, ti accorgerai di tre opzioni fondamentali. Alla voce «Region» del menu puoi scegliere quale porzione del tuo schermo filmare. Io uso sempre la prima, «Region», perché mi consente di selezionare quale sezione del mio schermo voglio filmare.

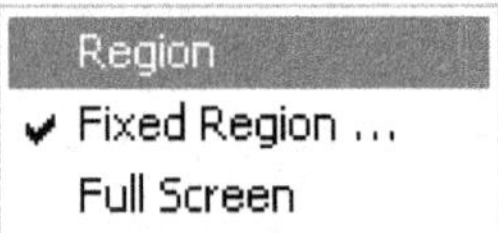

Nella voce «Options» del menu puoi scegliere la fonte audio del tuo filmato; se vuoi che sia registrata anche la tua voce che spiega i dettagli del prodotto scegli «Record from microphone» (ovviamente devi disporre di un microfono).

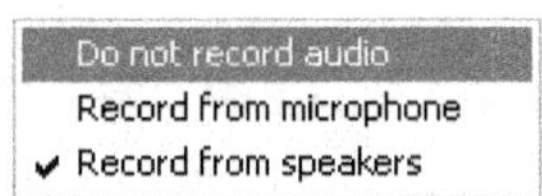

Ci sono poi altre opzioni riferite al video, al mouse ecc. Una volta che inizierai a utilizzarlo ti consiglio di tentare diverse configurazioni in base alle tue necessità; in ogni caso ti consiglio di leggere la guida completa in italiano.

Dopo aver scelto la configurazione adeguata, clicca sul pulsante della registrazione:

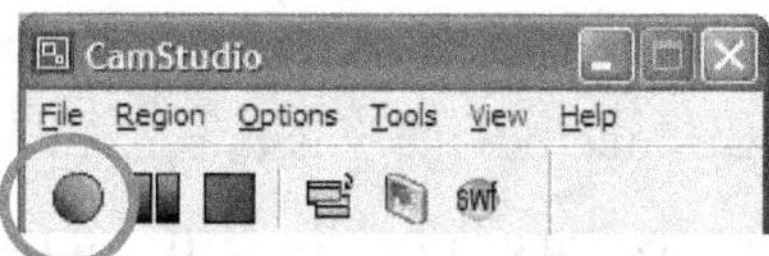

Il cursore del mouse si trasformerà in questo simbolo ✏ che ti servirà per delineare i confini della porzione di schermo che vuoi registrare. Poi clicca sul pulsante «Stop» per fermare la registrazione:

Molto interessante e utile è la funzione che ti consente di accompagnare il video registrato con del testo e dei disegni per aiutarne la comprensione. Cliccando sul pulsante del menu indicato nella figura si aprirà una piccola finestra denominata «Screen Annotations». Qui potrai scegliere e modificare il tipo di disegno e il testo che desideri appaiano:

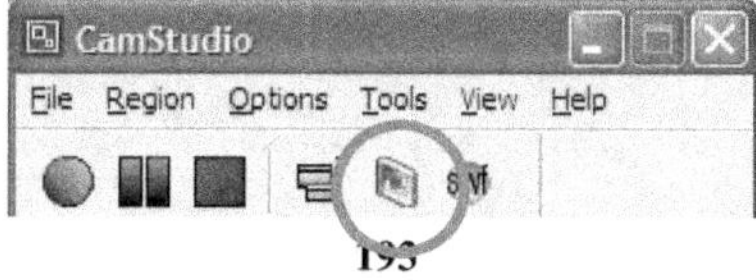

Un'altra caratteristica molto importante riguarda la possibilità di scegliere la combinazione di tasti per richiamare la funzione *inizio*, *pausa* e *fine registrazione* in maniera tale da facilitarti notevolmente la gestione del tuo video, senza muovere il mouse. Puoi scegliere la combinazione di tasti preferita andando in *Options > Keyboard Shortcurts*:

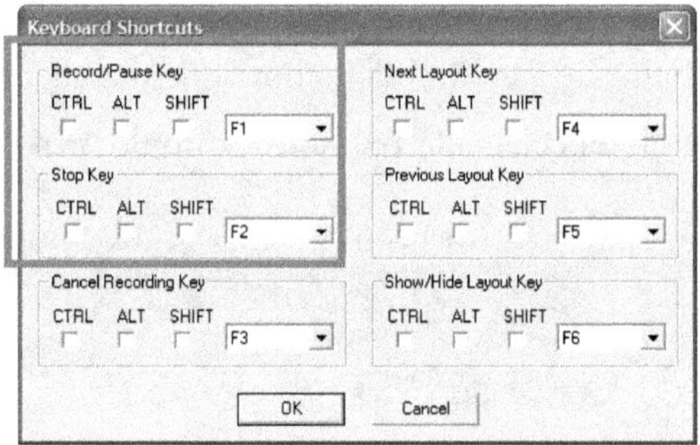

Ti voglio illustrare adesso le impostazioni video migliori per Camstudio. Vai su *Options > Video Options* e copia i seguenti parametri:

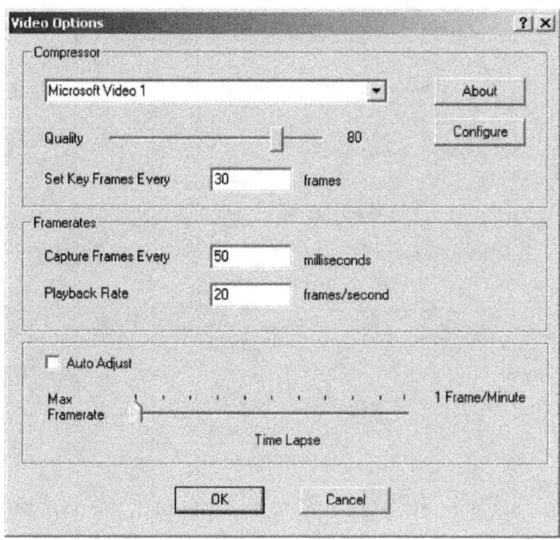

Fatto questo, un'altra funzione molto importante e utilizzata ampiamente dai grandi video maker per promuovere prodotti digitali (software, ebook, siti web) è il mouse grafico utilizzato nei video per mostrare il funzionamento dei propri prodotti.

Vai sul menu *Options > Cursor Options*; vedrai apparire questa finestra:

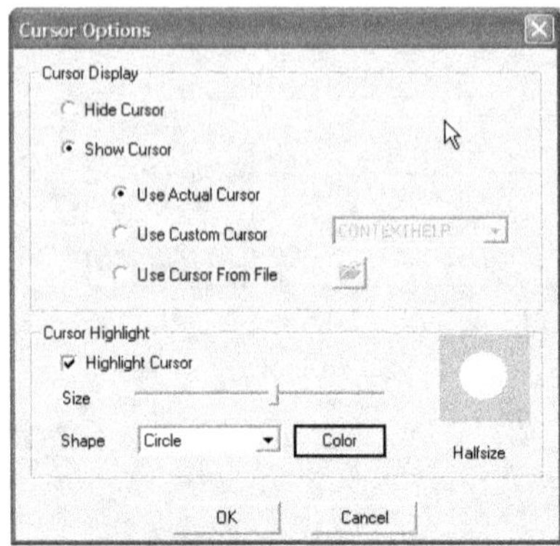

La finestra sopra mostra come attivare le opzioni per la visualizzazione di una luce che evidenzia il puntatore del mouse, ti consiglio di utilizzare questa opzione se vuoi renderlo maggiormente visibile agli occhi del visitatore. Quindi seleziona: *Show Cursor > Use Actual Cursor > Highlight Cursor*. A questo punto puoi scegliere la grandezza, la forma e il colore della luce che accompagnerà il puntatore del mouse, modificando rispettivamente «Size», «Shape» e «Color». Il risultato lo puoi vedere con i tuoi occhi su video con cursore evidenziato.

SEGRETO n. 51: impara a utilizzare e ottimizzare *CamStudio*.

CamStudio registra automaticamente i video in formato avi. È possibile che nel tuo computer tu non riesca a visualizzare il video, se questo dovesse accadere non preoccuparti, basta scaricare e in seguito installare il *K-Lite Codec Pack Standard*. Puoi fare il download a questo indirizzo.

Il formato video avi generato da CamStudio occupa molto spazio in termini di memoria, questo perché ha un alto livello di risoluzione, ossia i video presentano un'ottima qualità di visione. C'è la qualità, ma la paghi con un'enorme dimensione del file che ti sarà poi più difficile caricare su YouTube.

Esiste un'opzione all'interno di CamStudio che ti permette di diminuire la dimensione del video, convertendolo nel formato swf, ma questo andrà a discapito della qualità del video convertito, che risulterà molto scarsa. Allora, come diminuire la dimensione del video ottimizzando la qualità di visione per YouTube, elemento indispensabile al fine di colpire il tuo spettatore e dare un'idea di professionalità?

Si può fare attraverso un software gratuito e molto efficace che è in grado di convertire il video generato con CamStudio in un formato molto più piccolo, mantenendo però intatta la qualità del video.

Questo software si chiama *Super 2008* e ti permette di convertire i video in moltissimi formati. Con questo programma puoi ridurre la dimensione di un video registrato con Camstudio da 100 mb in circa 15 mb, **ottimizzando la qualità di visione per YouTube**.

Puoi scaricarlo da qui. Installalo seguendo la classica procedura di installazione e quando hai terminato clicca sull'icona di «Super 2008»:

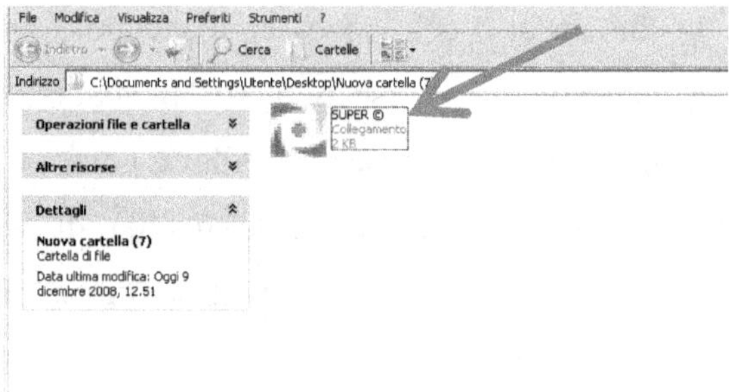

Si aprirà l'interfaccia grafica del software all'interno della quale ci sono:

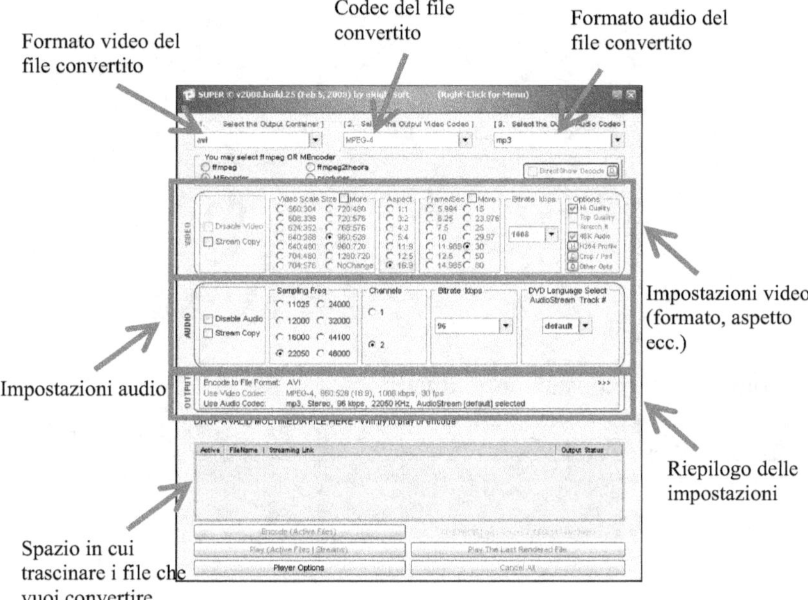

Adesso apri la cartella dove hai salvato il video registrato con Camstudio e trascinalo all'interno di Super 2008:

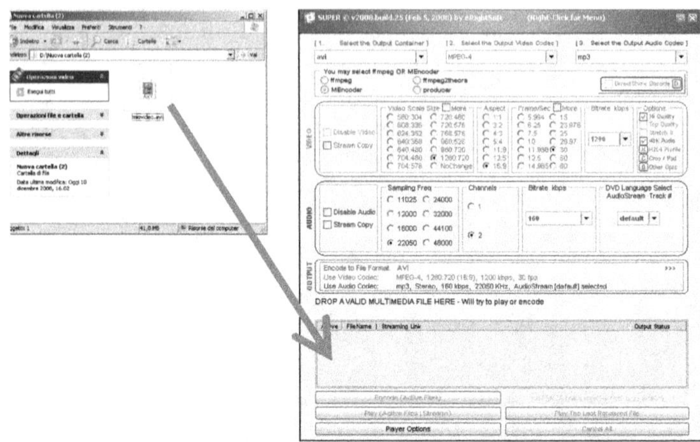

Configura le impostazioni ottimali:

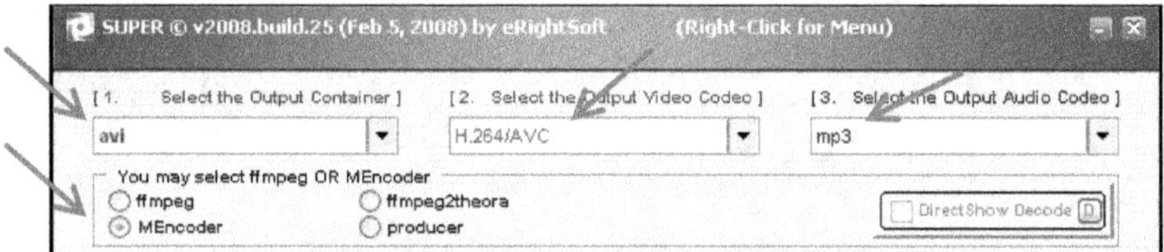

Continua con le impostazioni video:

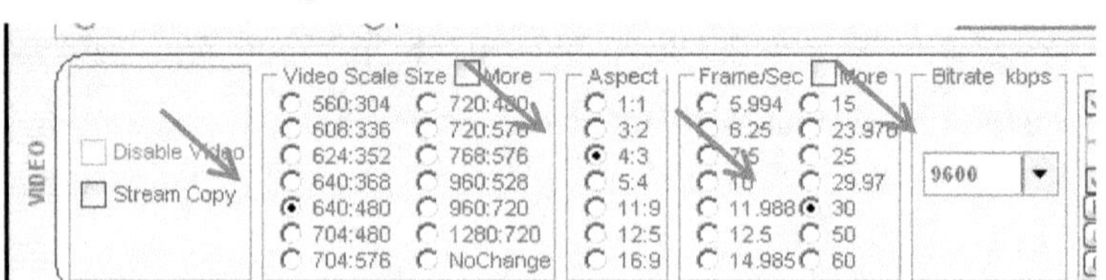

Poi con le impostazioni audio:

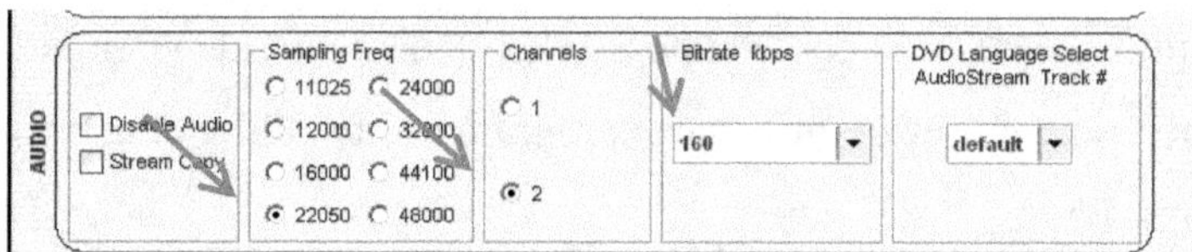

A questo punto puoi finalmente convertire il tuo video nel formato ottimale premendo il pulsante «Encode (Active Files)».

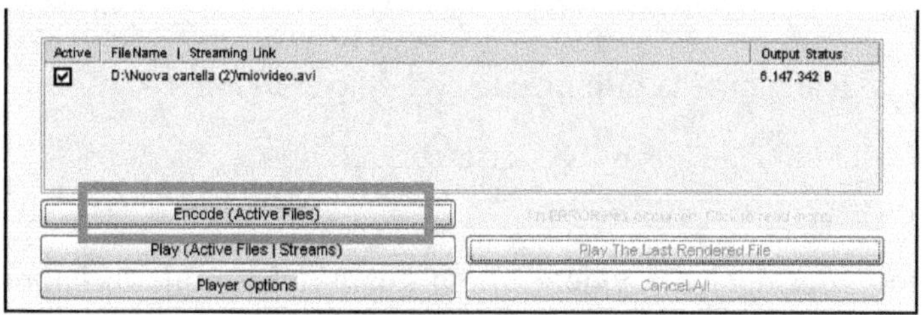

Terminata l'operazione spostati all'interno della cartella «Output» situata all'interno della cartella *Programmi > eRightSoft > Super*; qui troverai il file convertito, pronto per essere caricato all'interno di YouTube. Mi raccomando: utilizza queste impostazioni anche per convertire i video editati con Windows Movie Maker.

Adesso ti voglio mostrare la differenza tra un video di cattiva qualità registrato con CamStudio e un video convertito con Super

2008 perché tu ti renda conto di quanto sia importante avere una qualità elevata, e di come si possibile ottenere un video ben fatto e professionale senza utilizzare programmi da 300 dollari come Camtasia.

Video di bassa qualità registrato con Camstudio:

http://it.youtube.com/watch?v=6CQ6nRPpxqg

Video di alta qualità ottimizzato con Super 2008:

http://it.youtube.com/watch?v=0WMyvgihME8

Come puoi notare, i video di alta qualità come questo hanno la scritta in basso a destra «Guarda in alta qualità».

SEGRETO n. 52: impara a creare video di alta qualità per YouTube con *Super 2008*.

Ricordati che per visualizzare i tuo video sempre in alta qualità devi selezionare «Ho sempre una connessione veloce...» andando su *Account > Impostazione riproduzione*.

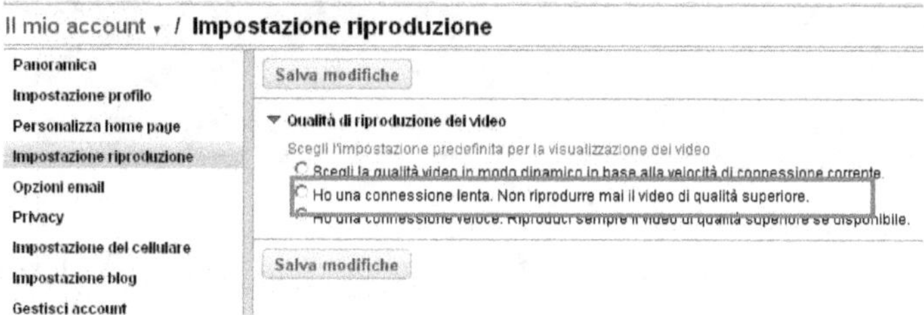

Adesso ti voglio svelare un trucco per capire realmente se il tuo video sarà considerato da YouTube di alta qualità. Per fare ciò hai bisogno di piccolo software di nome *MediaInfo* che puoi scaricare qui. Dopo aver installato il programma, seleziona il file video che vuoi caricare su YouTube e con il tasto destro del mouse clicca «Media Info» per aprire il programma, cui verranno visualizzate tutte le informazioni specifiche riguardanti il tuo video:

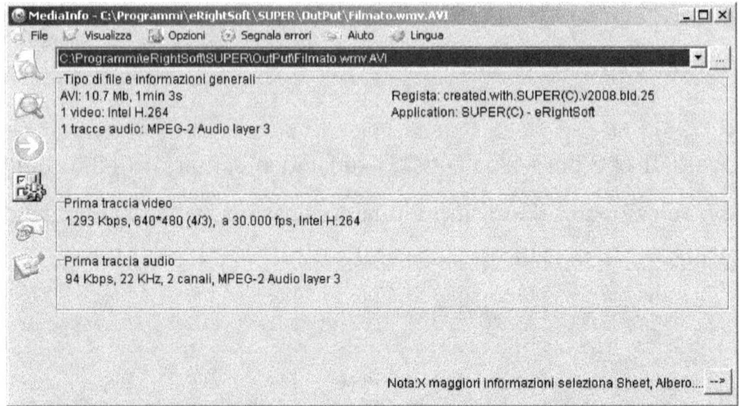

Nota bene la caratteristica fondamentale che induce YouTube a considerare il tuo video di alta qualità: si tratta del "bitrate" ossia la velocità di trasmissione del file video:

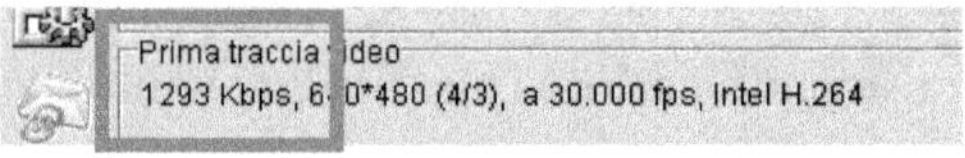

Più è alta questa velocità di trasmissione maggiore sarà la qualità del tuo video, in particolare un bitrate da 700/800 Kbps induce YouTube a considerarlo di alta qualità. Quindi ogni volta che desideri caricare su YouTube un video di alta qualità controlla il livello di bitrate, che deve essere superiore a 700/800.

SEGRETO n. 53: puoi verificare se il tuo video sarà considerato da YouTube di alta qualità tramite il software *MediaInfo.*

Adesso ti mostro un'applicazione che aumenterà notevolmente le potenzialità di CamStudio portandolo sempre più vicino a un software a pagamento. Questa nuova applicazione si chiama *Magnifying Glass* e ti permette di effettuare lo zoom ai video registrati con Camstudio, aumentando notevolmente il valore percepito dallo spettatore.

Se fino ad oggi ti sei lamentato delle poche funzionalità di Camstudio, adesso ti puoi ricredere. La funzione «Zoom» non è presente in Camstudio, ma è tipicamente presente in software professionali a pagamento come Camtasia. Da adesso non hai più bisogno di Camtasia!! Per prima cosa scarica questo software gratuito da qui e installalo.

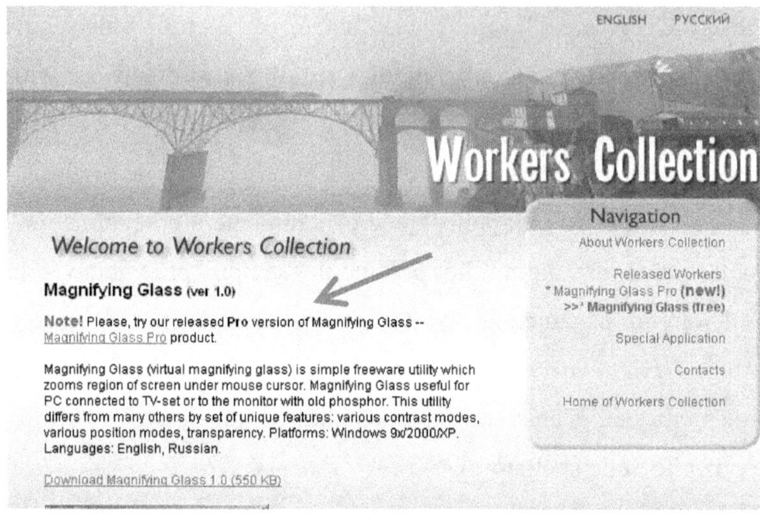

Apri il software attivandolo con il pulsante destro del mouse e scegli «Options», l'icona visualizzata sulla barra dell'orario:

Scegli la combinazione di tasti per richiamare l'effetto zoom (per comodità ho lasciato CRTL+MAISC+Z):

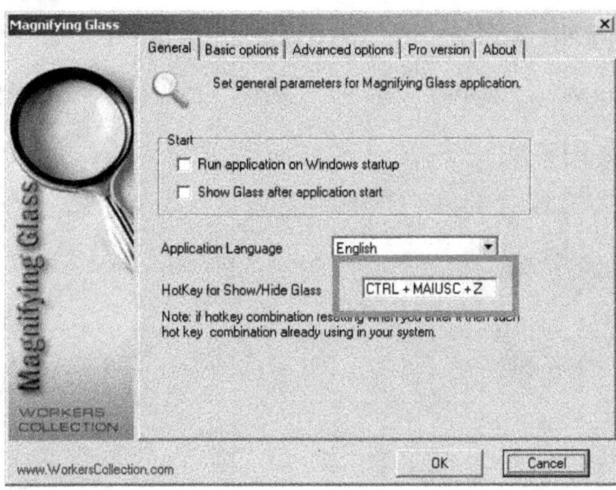

Vai su «Basic Options», configura il grado di trasparenza su «Full visible», seleziona la grandezza dell'area zoomata, seleziona il livello di ingrandimento dello zoom (io consiglio il livello 2) e metti «0» su «Image update interval»:

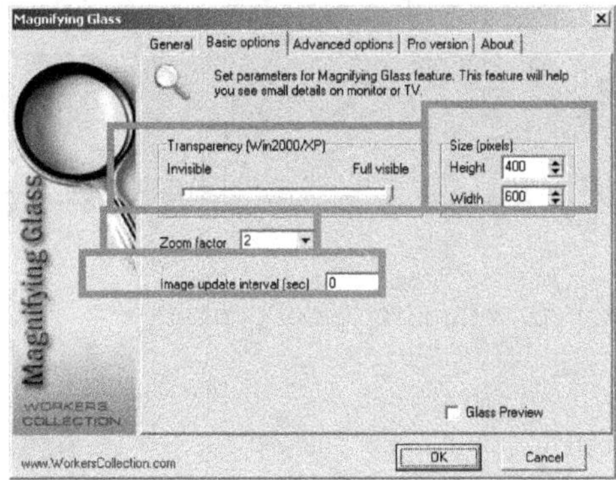

Adesso spostati sul foglio «Advanced options» e seleziona in *Contrast mode* «*None*», e in *Glass Position* «Under Cursor (Win2000/XP)».

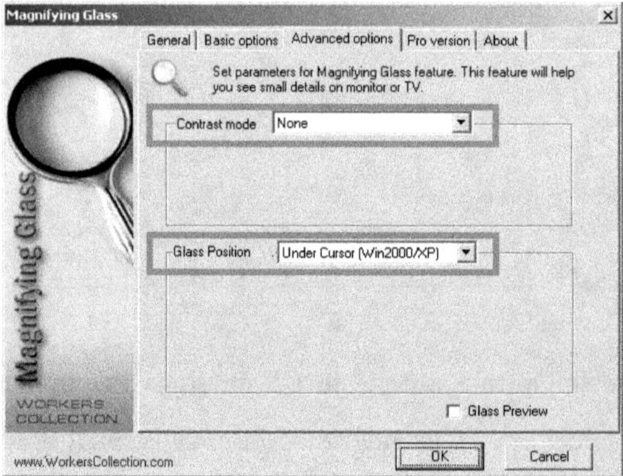

Perfetto, adesso spunta l'opzione «Glass Preview»:

Vedrai sullo schermo un effetto del genere:

Tutto ciò che seguirà il tuo mouse verrà zoomato e quindi ingrandito. Per togliere lo zoom deseleziona «Glass Preview». Da adesso in poi per richiamare lo zoom potrai premere la combinazione di tasti scelta in precedenza.

Quindi potrai intuire che, richiamando lo zoom durante la registrazione di Camstudio, quest'ultimo registrerà anche lo zoom che, ti garantisco, è di vitale importanza nel caso tu proponga video training; in questo caso devi infatti mostrare anche i dettagli delle tue operazioni sullo schermo del tuo computer.

Ecco qui un video ottimizzato sia con Super 2008 che con Magnifying Glass:

http://it.youtube.com/watch?v=0WMyvgihME8

Dopo aver rivisto e perfezionato il video, inizia a promuoverlo su internet. Non c'è solo YouTube (anche se è il più importante) per caricare il tuo video, esistono diverse piattaforme online di condivisione video che puoi sfruttare per far conoscere la tua attività.

SEGRETO n. 54: per creare gli effetti zoom integra alle funzioni di CamStudio il software *Magnifying Glass*.

Certo, dover seguire la procedura di upload del video in più siti di video sharing è una vera noia, ma questa guida ti fornisce ogni soluzione per il tuo business Web 2.0.

Esiste una fantastica applicazione che ti permette di caricare lo stesso video nei più importanti siti di condivisione video, inclusi *YouTube* e *Google Video*, allo stesso tempo e in modo gratuito. Quest'applicazione si chiama TubeMogul:

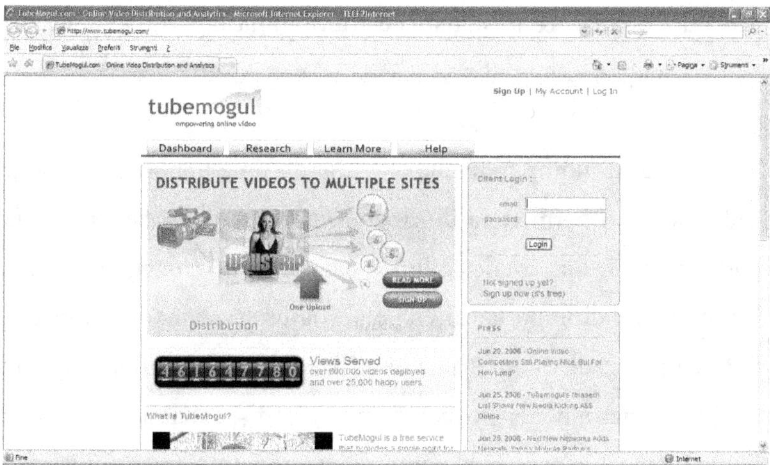

TubeMogul ti offre veramente tantissime opzioni; tra le più importanti segnalo:

- puoi diffondere il tuo video in ben 9 piattaforme di video sharing contemporaneamente e aumentare in maniera esponenziale l'effetto virale dei tuoi video;

- puoi diffondere i tuoi video anche nelle più importanti piattaforme di social network e social bookmarking come MySpace e StumbleUpon;

- puoi selezionare l'anteprima del video che andrai a promuovere;

- puoi analizzare le statistiche riferite alla diffusione delle tue campagne virali online.

Proprio quest'ultima funzione è di grandissima importanza poiché TubeMogul ti permetterà di sapere quali dei tuoi video sono più performanti e in quale giorno hai ottenuto maggiori visite, informazioni di importanza vitale per la promozione di campagne online basate sui video. Prima di utilizzare Tubemogul devi essere iscritto a ciascun dei nove siti messi a disposizione e avere il nome utente e la password per ciascun servizio. Se non sei iscritto a uno di essi Tubemogul include un link di registrazione:

Dovrai completare i diversi campi soltanto la prima volta poiché il servizio memorizza le tue informazioni, e la volta successiva non dovrai ripetere l'operazione.

Per il resto TubeMogul presenta un'interfaccia per caricare i video molto semplice e intuitiva; devi scegliere la descrizione, le parole chiave ecc. Ci sono moltissime funzionalità che conoscerai man mano che lo utilizzerai. Ti rendi conto che sei di fronte a uno strumento che cambierà per sempre il tuo modo di pubblicizzare la tua attività online!? Oltre a utilizzare TubeMogul e i segreti per strutturare un video di successo esposti all'inizio di questo capitolo e di portata generale, è bene che concentri i tuoi sforzi di promozione online sulla piattaforma di condivisione video n. 1: *YouTube*.

Devi sapere che la struttura di YouTube è basata su "canali" che non sono come quelli della televisione ma che rappresentano tutti gli utenti della vasta comunità di YouTube. Quindi **ogni utente costituisce un canale.** YouTube riserva una pagina web personalizzata a ciascun utente del tipo: *www.youtube.com/nome-utente*. Questo è di fondamentale importanza, poiché ti offre la possibilità di usufruire di un riferimento (l'indirizzo web) da utilizzare per promuovere il tuo canale personale in tutto il web.

Mi raccomando una cosa importante: utilizza per il nome del tuo canale personale un nome che richiami la tua attività o il tuo sito; quindi non utilizzare in fase di registrazione il solito nome utente come *roberto87* oppure *mary88*, non serve assolutamente a niente visto che poi il tuo canale personale sarà: www.youtube.com/roberto87 o www.youtube.com/mary88, che non credo abbia molto senso.

SEGRETO n. 55: crea un account su YouTube che abbia un nome che rimandi alla tua attività.

Fatta questa premessa ti svelo i 4 segreti che ho imparato per ottimizzare le campagne video su YouTube:

1. **Cerca le parole chiave** che gli utenti utilizzano maggiormente per cercare un determinato argomento. Ad esempio, mettiamo che tu voglia pubblicizzare il video di un ebook sulle ricette culinarie di 1 minuto. Cercherai su YouTube la

parola «ricette». Mentre scrivi la parola nella casella di ricerca vedrai aprire un menu a tendina con i suggerimenti di YouTube come nella figura sotto:

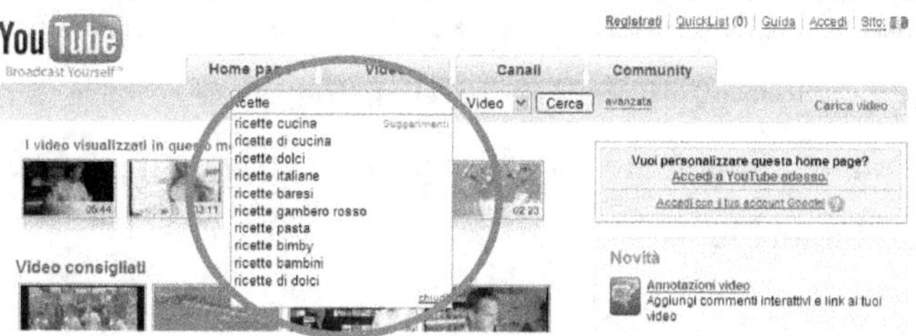

Questi suggerimenti non sono casuali, ma provengono direttamente dai server di YouTube grazie a una splendida tecnologia cardine del Web 2.0 chiamata *AJAX* (Asynchronous JavaScript and XML) che riesce in tempo reale a visualizzare i termini più consoni alla tua ricerca.

I suggerimenti sono memorizzati da YouTube e costituiscono i **10 termini maggiormente ricercati** per la parola chiave «ricette». Ti rendi conto di quale enorme intuizione è questa? È come se possedessi una sorta di selettore di parole chiave apposito per le campagne video su YouTube.

Quindi, scegliendo queste parole chiave come *tags* di riferimento per il tuo video su YouTube vedrai aumentare di mille volte le visualizzazioni del tuo video rispetto alla stragrande maggioranza dei video catalogati con tags scelti a caso. Ricordati che per visualizzare i suggerimenti di YouTube devi selezionare la ricerca «avanzata» e spuntare la casella «visualizza suggerimenti di ricerca durante la digitazione».

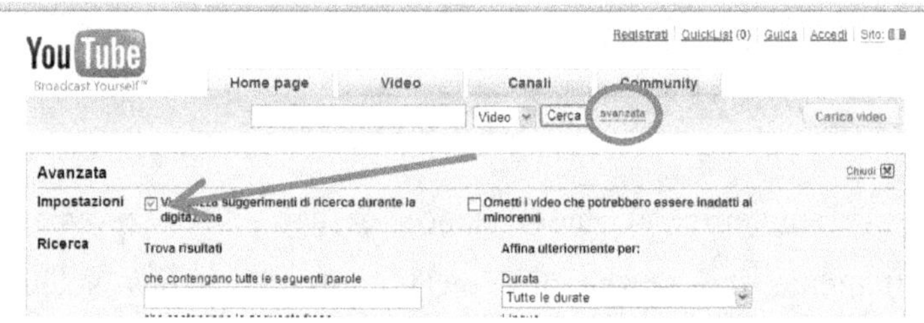

SEGRETO n. 56: cerca e annota le parole chiave che gli utenti utilizzano per cercare i video su YouTube, così da avere ottime possibilità che il video sia visualizzato.

Scegli la giusta anteprima del tuo video. Quando carichi un video su YouTube, hai la possibilità di scegliere tre anteprime del tuo video. Fino a poco tempo fa si pensava che la scelta delle anteprime (in gergo tecnico *thumbnail*) fosse casuale e che chi utilizzava YouTube non avesse nessun controllo su questo importantissimo aspetto. In questo ebook non solo ti svelerò il segreto per essere tu a scegliere e, quindi, ottimizzare la tua anteprima, ma ti insegnerò anche come ottenere concretamente questo risultato utilizzando *Windows Movie Maker*.

Prima di metterci a lavoro, voglio spiegarti meglio perché è così importante l'anteprima video su YouTube. Devi sapere che il 99% dei video visti su YouTube derivano dalle ricerche fatte dagli utenti nella pagina iniziale. Di conseguenza come risultato della ricerca avrai una pagina composta dall'anteprima del video, dal titolo e dalla sua descrizione.

Mentre nelle pagine dei risultati di Google quello che conta di più è proprio il titolo e la descrizione, nella pagine dei risultati di YouTube l'aspetto di maggior rilevanza, che induce il visitatore a cliccare e visualizzare il video, è sicuramente l'**impatto visivo** dell'anteprima del video.

Infatti un'anteprima studiata nei minimi dettagli ha grandi possibilità di essere cliccata e visualizzata rispetto a quasi tutti i video presenti su YouTube, al cui anteprima viene scelta a caso.

Riprendendo l'esempio dell'ebook sulle ricette, potresti far apparire come anteprima la scritta «Vuoi diventare uno chef professionista? Guarda questo video!», oppure potresti far apparire una bella ragazza che cucina. Insomma, una volta compresa questa strategia potrai divertirti a scegliere l'immagine che preferisci.

Quindi, come faccio a personalizzare l'anteprima del mio video su YouTube? Una delle anteprime che YouTube ti permette di scegliere corrisponde in modo preciso al **fotogramma visualizzato nell'esatta metà della lunghezza del video in secondi**. Se il tuo video è di 60 secondi l'anteprima visualizzata corrisponde esattamente al fotogramma del 30° secondo. Mettiti subito a lavoro con Windows Movie Maker e crea la tua miglior anteprima video.

Ecco i passi da seguire:

- il primo passo è inserire il video che vuoi caricare su YouTube. Quindi apri WMM e clicca su *File > Importa nelle raccolte*;
- trascina nella barra di montaggio video il clip visualizzato:

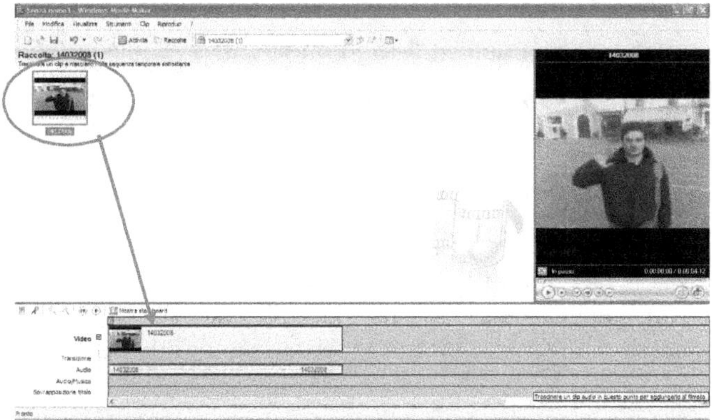

- questo passo è molto importante. Infatti devi individuare il fotogramma che **precede** l'esatta metà del video e tagliare il video in due pezzi. Per poterlo fare aiutati con il pulsante «fotogramma successivo» per scorrere il video fotogramma per fotogramma.

Una volta individuato il fotogramma che precede l'esatta metà del video, clicca sul pulsante «Dividi il clip in due fotogrammi»:

A questo punto vedrai il tuo video diviso in due:

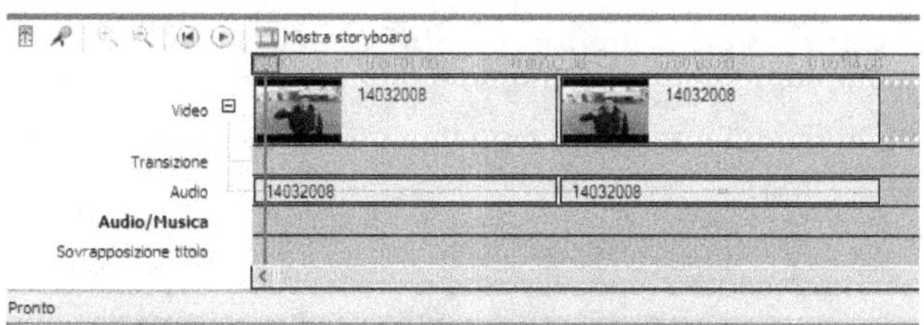

- Adesso puoi inserire tra i due pezzi del tuo video ad esempio il messaggio «*Vuoi diventare CHEF professionista? Guarda questo video!!*» Per fare ciò è sufficiente selezionare con il mouse il primo pezzo di video:

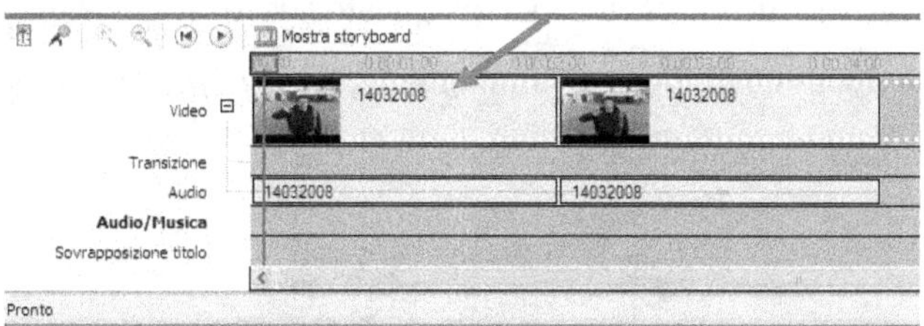

Poi clicca sul menu «Strumenti» e dentro il menu clicca su «Titoli e riconoscimenti»:

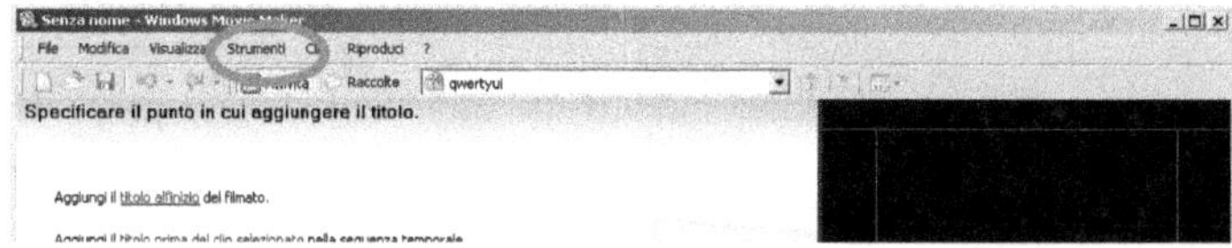

Infine seleziona «titolo dopo il clip selezionato».

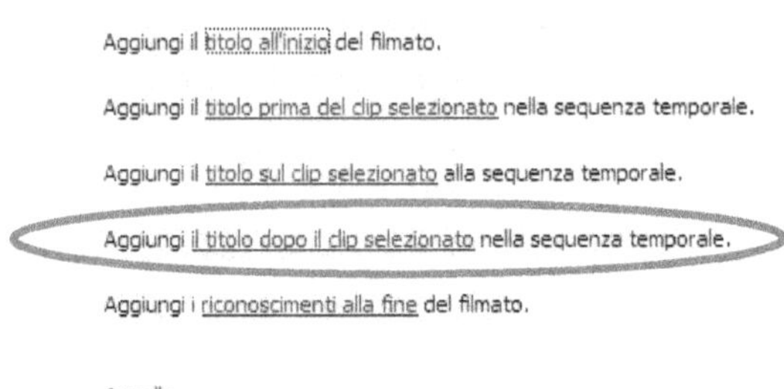

Scrivi il tuo messaggio, in questo caso ho scritto «*Vuoi diventare CHEF professionista? Guarda questo video!!*» Il risultato è questo:

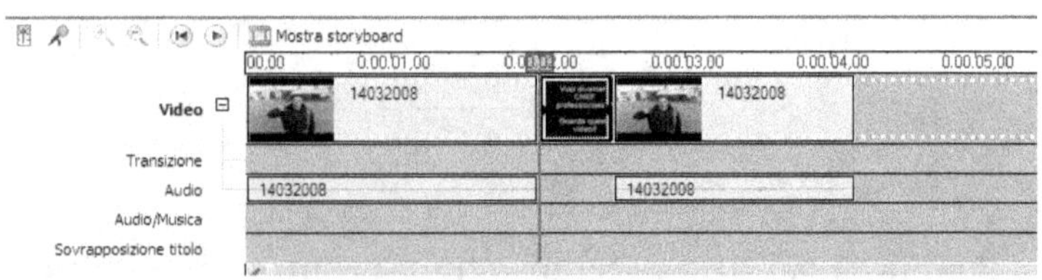

Adesso è ora di salvare il video e caricarlo su YouTube. Il lavoro è andato molto bene, infatti guarda come si presenta su YouTube.

Il successo dell'esperimento è confermato anche dalle tre alternative di anteprima che YouTube seleziona, tra cui ovviamente c'è la mia:

Adesso controlliamo la pagina dei risultati per la parola chiave «ricette»:

Come puoi vedere l'unica anteprima che spicca su tutte è proprio quella del mio video. Infatti, come ti ho detto prima, la stragrande maggioranza dei video caricati su YouTube ha un'anteprima scelta a caso da YouTube stesso e di conseguenza non ottimizzata.

Quindi, se intendi fare di YouTube un trampolino per aumentare le tue vendite e la tua visibilità, questo è un segreto dal quale non puoi prescindere.

SEGRETO n. 57: seleziona l'anteprima del tuo video in modo tale da differenziarti dall'enorme massa di video non ottimizzati su YouTube.

2. **Scegli con cura i seguenti elementi:**
- titolo;
- descrizione;
- tag;
- categoria del video.

Il **titolo** è l'elemento più importante dopo l'anteprima del video per indurre lo spettatore a cliccare sul video. Prima di tutto devi includere la parola chiave primaria che hai scelto per il tuo video, ad esempio «ricette cucina». Una strategia molto efficace è includere nel titolo parole che attirino immediatamente il visitatore. Ad esempio, puoi scrivere «Ricette di cucina – ESCLUSIVO!», oppure «Ricette di cucina – DIETRO LE QUINTE», o ancora «Ricette di cucina – VIDEO MAI VISTO!» Utilizzando queste espressioni vedrai aumentare notevolmente il numero di visualizzazioni del tuo video per un semplice motivo: **perché ti differenzia dagli altri.**

Adesso passiamo alla **descrizione**. La casella di descrizione messa a disposizione da YouTube ha diversi segreti nascosti. Il primo segreto riguarda la possibilità di creare un link ipertestuale che punti a qualsiasi sito tu voglia. Ad esempio, hai sponsorizzato nel tuo video il seguente indirizzo www.miosito.com; basterà richiamare nella casella di descrizione l'indirizzo del tuo sito facendolo precedere da «http://».

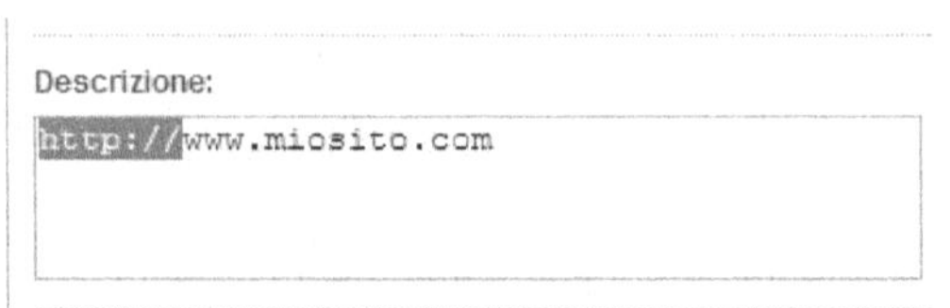

L'utilità di questa strategia è evidente. Infatti, facendo corrispondere il link contenuto nel video con quello contenuto nella descrizione sarà molto più facile e immediato per lo spettatore cliccare sul link della descrizione e accedere immediatamente alla pagina del tuo sito, piuttosto che andare a riscrivere l'indirizzo visualizzato nel video sulla barra degli indirizzi del proprio browser.

Il secondo segreto riguarda il numero di **parole** che puoi inserire per descrivere il tuo video su YouTube. Infatti la casella destinata alla descrizione del tuo video può contenere anche 500 termini. Io mi chiedo una cosa: se YouTube ci offre la possibilità di scrivere una descrizione così lunga, perché non approfittare e scrivere una bella descrizione **ricca di parole chiave** come questa?

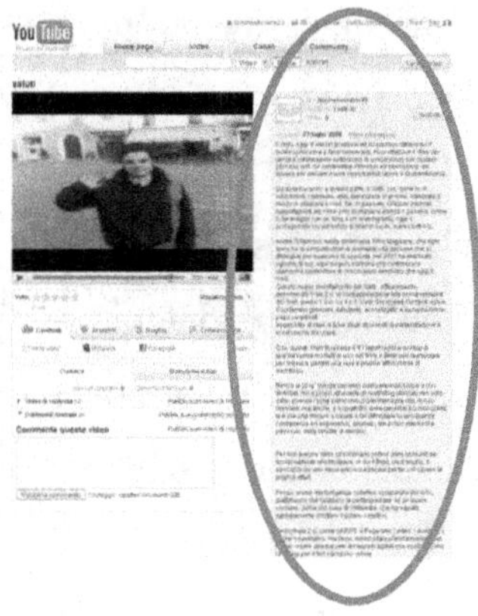

Questa strategia ti sarà di notevole aiuto per scalare la classifica dei video nella pagina dei risultati. Ti spiego perché. Devi sapere che YouTube mette a disposizione quattro filtri per ordinare la ricerca:

- *pertinenza;*
- *data di caricamento;*
- *numero di visualizzazioni;*
- *votazione.*

YouTube ordina in automatico le ricerche per **pertinenza**, ossia per corrispondenza tra la parola chiave oggetto della ricerca (ad esempio «ricette di cucina») e le descrizioni dei video visualizzati. Quindi più accurata, dettagliata e ricca di parole chiave sarà la descrizione, maggiore possibilità avrai di farti trovare nelle prime posizioni dei risultati di YouTube.

Passiamo adesso ai **tags**. Questi ultimi sono **termini** utilizzati per catalogare i video nell'enorme contenitore di YouTube. In pratica sono vere e proprie **parole chiave** con le quali differenzi il tuo contenuto all'interno del web e lo rendi unico.

Come ti ho illustrato nel primo segreto, la strategia più importante per avere le massime visualizzazioni, e quindi una grande diffusione dei tuoi video, è quella di includere i termini maggiormente ricercati all'interno dei tags del tuo video. Ribadisco questo concetto perché veramente può fare la differenza all'interno di YouTube. Come già ho detto prima, la grande maggioranza dei video viene catalogata dai propri autori con tags scelti a caso, senza tenere conto di cosa cercano veramente gli utenti.

Infine devi scegliere accuratamente la **categoria** di appartenenza del tuo video. YouTube ti permette di scegliere **una tra 15** categorie a disposizione. Ti indico subito tra quali categorie deve ricadere la tua scelta per avere la massima visibilità.

Le cinque categorie che hanno giornalmente maggiori visualizzazioni sono:

- *spettacolo;*
- *sport;*
- *musica;*
- *video divertenti;*
- *notizie e politica.*

Il video marketing su YouTube è una grandissima opportunità per aumentare in maniera esponenziale il proprio business online; non ti nascondo che ci sarebbero tante altre tecniche e strategie ma non mi voglio dilungare, anche perché ci sarebbe da scrivere un intero ebook.

SEGRETO n. 58: ottimizza titolo, parole chiave, descrizione, categoria del video su YouTube per moltiplicare le visualizzazioni del tuo video.

Un'altra prerogativa dominante del Web 2.0 è l'utilizzo sempre crescente di formati audio/video fruibili tramite i Feed RSS: i **Podcast**. Tutto partì dalla ricerca portata avanti da Adam Curry, ex Dj di MTV, di un metodo più efficiente per diffondere i contenuti audio su internet. A questa ricerca partecipò con un contributo fondamentale Dave Winer, creatore dei blog e degli RSS, che impostò questi ultimi affinché potessero trasmettere anche contenuti multimediali, come audio e video.

Il termine Podcast è apparso per la prima volta nel febbraio del 2004 all'interno di un articolo in cui il giornalista americano Ben Hammersley proponeva una lista di nomi per descrivere il fenomeno. Podcast è una combinazione di due termini: *Ipod* che, come sai, è il dispositivo portatile della Apple per l'ascolto di musica, e *Broadcasting*, ossia la trasmissione di segnali audio/video.

In pratica, un podcast è un file audio o video che registri attraverso un software e un microfono che poi rendi fruibile su internet tramite i famosi feed RSS.

I maggiori vantaggi del podcast sono:

- si diffonde tramite il consolidato formato RSS;

- puoi diffondere ciò che vuoi (una lezione, un tutorial a voce, una canzone ecc.);

- la maggior parte delle applicazioni online legate al podcast è gratuita;

- puoi vendere i tuoi podcast all'interno dei quali sveli informazioni di valore derivanti dalle conoscenze ed esperienze su un determinato argomento.

SEGRETO n. 59: il podcast è uno strumento a bassissimo costo e molto efficace.

Il podcast si sta affermando sempre più come uno strumento di marketing molto efficace per fare soldi e promuoverti. Infatti puoi registrare un podcast nel quale dici con voce altisonante quanto bello ed economico sia il tuo prodotto o servizio; puoi dar vita a delle conferenze nelle quali illustri le caratteristiche della nicchia di clienti che servi, sponsorizzando il tuo prodotto come soluzione a tutti i problemi; puoi vendere i podcast delle tue lezioni; ancora, puoi registrare un podcast in cui offri gratuitamente una consulenza ai tuoi clienti, il tutto accompagnato, magari, da una simpatica e rilassante musichetta di sottofondo.

Vediamo adesso come creare e pubblicare sul web un Podcast (ovviamente devi disporre di un microfono). La prima fase consiste nella registrazione del contenuto del podcast.

Ti consiglio di utilizzare *Audacity*, un software opensource che permette non solo di registrare l'audio ma anche di manipolarlo. Una caratteristica molto importante di questo software è che registra l'audio in formato Mp3, il formato audio più diffuso su internet. Puoi scaricare Audacity collegandoti al sito http://audacity.sourceforge.net/.

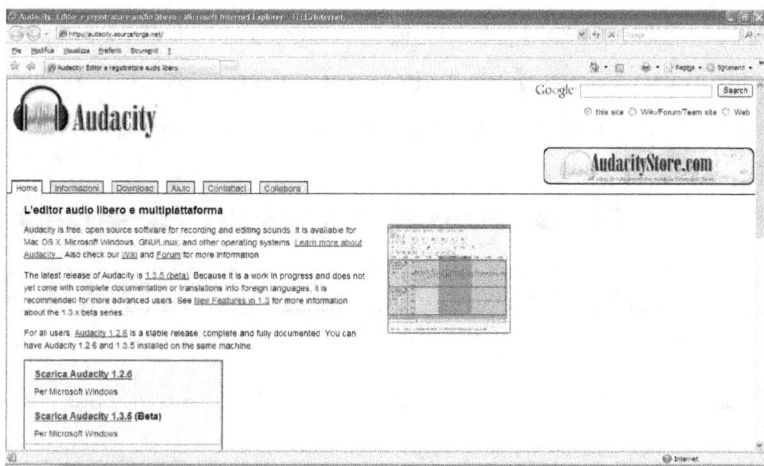

Ricordati di scaricare la *Libreria Lame* da qui. Questo file è molto importante poiché ti permette di salvare il contenuto audio registrato in formato Mp3.

Dopo aver scaricato il file in formato zip, aprilo; noterai un file di nome *lame_enc.dll*, a questo punto estrai il file in qualunque cartella del tuo computer (ad esempio: C://Librerialame). Quando andrai a salvare la tua registrazione in formato Mp3, Audacity ti chiederà questo file che hai appena salvato, a quel punto non dovrai fare altro che trovare la cartella e selezionarlo.

Dopo aver installato e lanciato Audacity, assicurati che sia selezionato il microfono e clicca sul pulsante «Registra». Puoi variare il volume della registrazione scegliendo quello più appropriato:

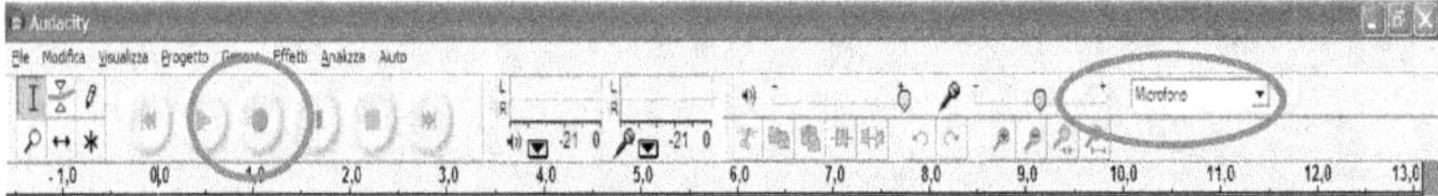

Mentre stai registrando dal microfono noterai il movimento delle onde sonore in base alla tonalità e al volume.

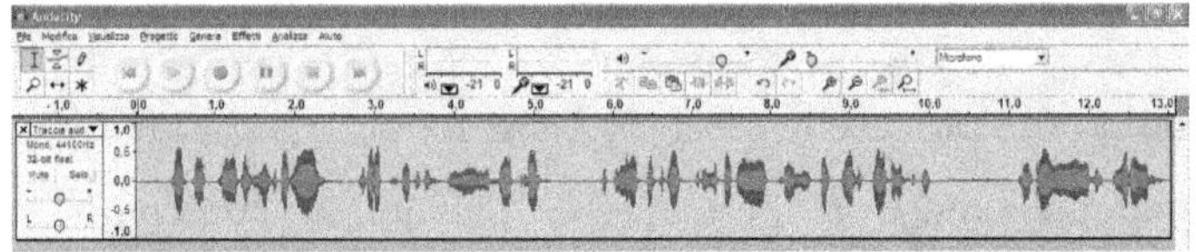

Dopo aver terminato la registrazione clicca sul pulsante «Stop» e scegli dal menu *File > Esporta come MP3* per salvare il tutto.

Un accorgimento **molto importante**, che renderà il tuo podcast veramente **professionale**, è l'inserimento di una musica rilassante di sottofondo Puoi scaricare musiche da accompagnare alla tua voce da <u>Free SoundTrack Music</u>:

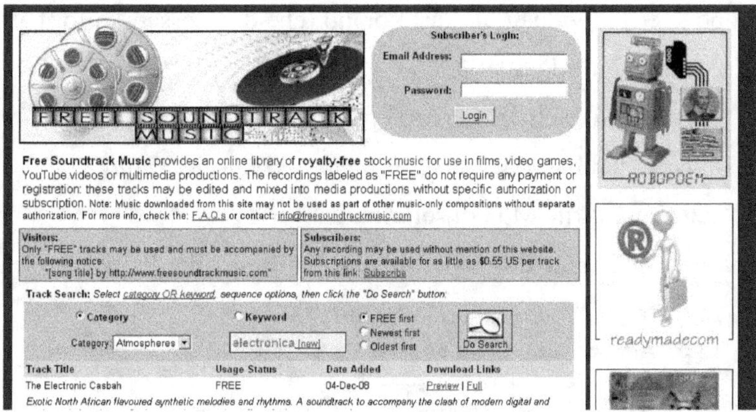

Puoi scaricare tutti gli Mp3 che desideri senza iscriverti e puoi utilizzarli liberamente per qualsiasi tua creazione. Gli Mp3 sono suddivisi per categorie (atmosfere, azione, suspense, temi) e per parole chiave. Puoi ascoltare un'anteprima del brano cliccando su «Preview» e scaricare l'intero brano cliccando su «Full»:

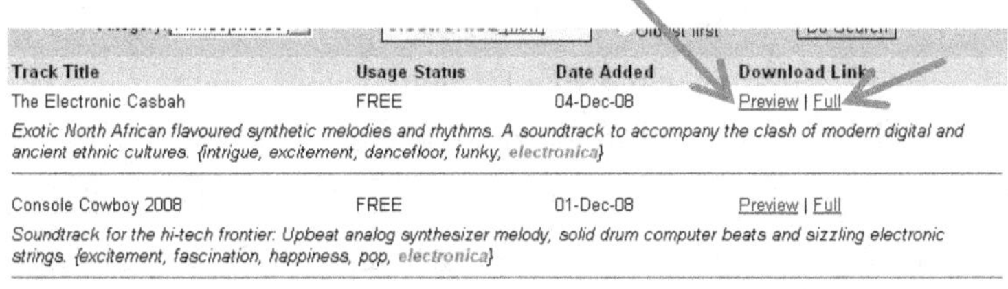

Dopo aver individuato il giusto brano (che deve essere in formato Mp3) segui questi passi:

1. apri con Audacity il file Mp3 precedentemente registrato;

2. clicca dalla barra dei menu *Progetto > Importa Audio*;

3. seleziona il file Mp3 di sottofondo;

4. a questo punto ti comparirà sotto la "scia" del brano che hai registrato anche il secondo brano.

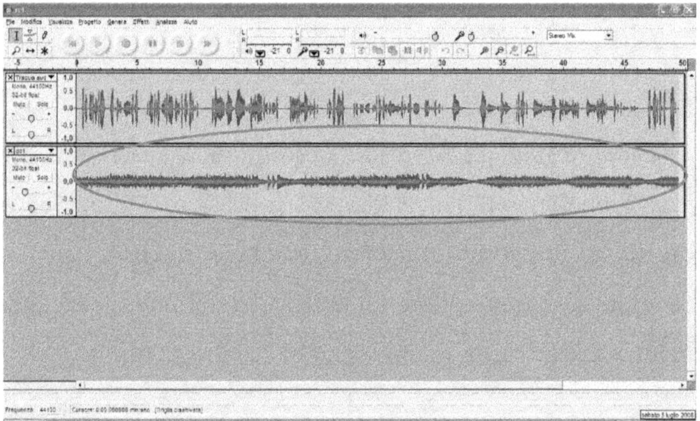

A questo punto, per fare in modo che la tua voce risalti sulla musica di sottofondo, devi diminuire il volume di quest'ultima. È sufficiente spostare verso sinistra la levetta indicata nella figura sotto.

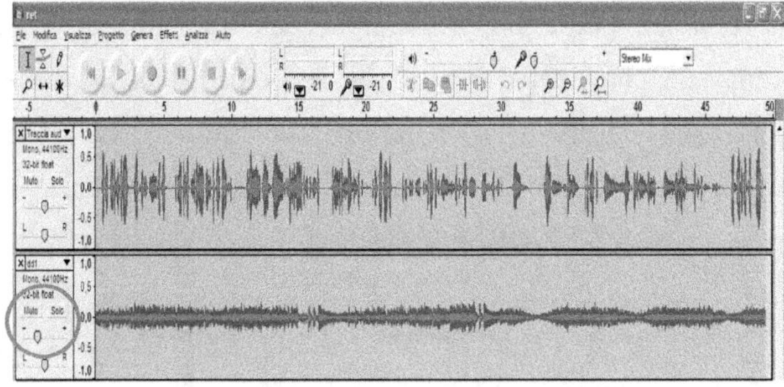

Per rendere ancora migliore il tuo podcast ti consiglio di far precedere la tua voce da una breve sigla, come in questo esempio di podcast. La cosa che devi fare è molto semplice: quando registri la tua voce, fai trascorrere qualche secondo prima di iniziare a parlare, il tempo necessario per inserire la sigla iniziale.

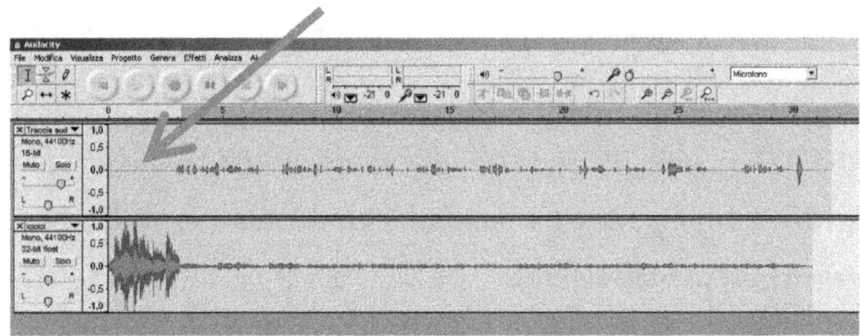

Una volta fatto questo importa la sigla come ti ho mostrato sopra, seleziona la parte della musica che accompagna la tua voce e clicca su *Effetti > Amplifica* e sposta la levetta dell'amplificazione fino ad arrivare a 13-15 DB di differenza:

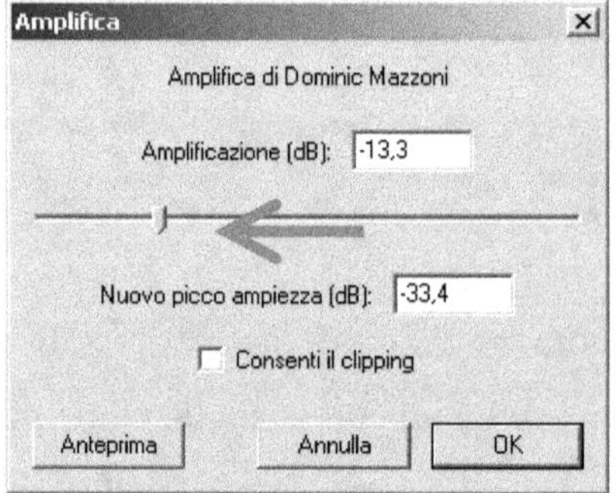

Puoi scaricare un podcast di esempio a <u>questo indirizzo</u>. Dopo aver perfezionato questa operazione puoi esportare il file in formato Mp3 andando su *File > Esporta come Mp3*.

SEGRETO n. 60: utilizza il software gratuito *Audacity* per registrare i tuoi podcast e inserisci la musica per rendere il file registrato professionale.

Un nuovo business è sicuramente quello di **vendere** i podcast delle tue lezioni, dei tuoi seminari, dei tutorial, non tramite i feed RSS ma **attraverso il tuo stesso sito**. I passi da seguire sono:

1. registra il tuo podcast in modo professionale con Audacity;
2. carica il file Mp3 all'interno del tuo spazio web (basta utilizzare FileZilla);
3. apri un conto PayPal (premier o business);
4. struttura la pagina di vendita con le famose "cover virtuali", ossia rappresentazioni molto dettagliate in 3d della copertina del tuo podcast, che hanno lo scopo di far percepire al visitatore la sensazione di comprare un prodotto fisico.

Questo è un esempio base di cover virtuale:

Per creare copertine virtuali professionali conosco due strategie eccezionali, entrambe **gratuite**. Il primo metodo è quello di scaricare Photoshop in lingua inglese e versione trial (utilizzabile per un limitato periodo di tempo) dal seguente indirizzo: http://download.adobe.com/pub/adobe/photoshop/win/cs2/Photoshop_CS2_tryout.zip.

Installa il software e scarica da qui il file che ti servirà a creare in maniera professionale queste cover virtuali. Apri Photoshop e vai sul menu «Windows»:

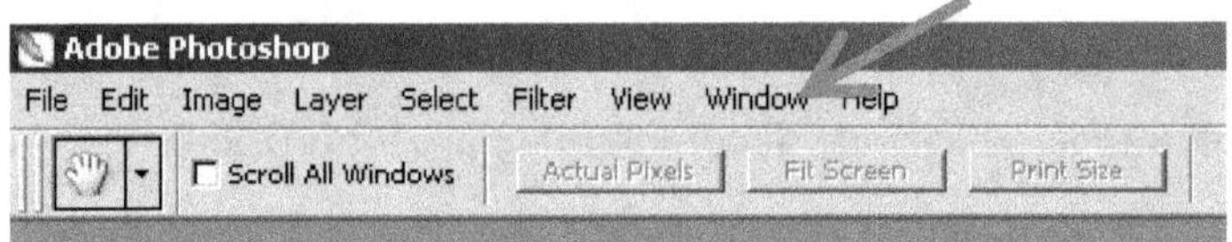

Clicca sulla prima voce: «Actions»; vedrai attivarsi una tabella all'interno della quale caricare il file. A questo punto clicca sulla freccetta a destra:

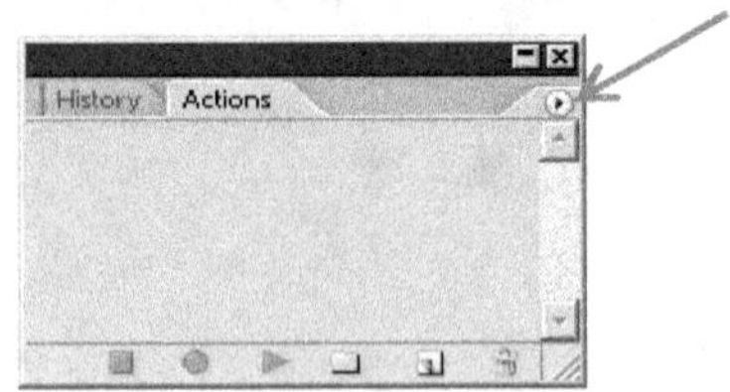

Seleziona «Load actions»: si aprirà una finestra; seleziona il file scaricato dal mio sito e clicca su «Load»:

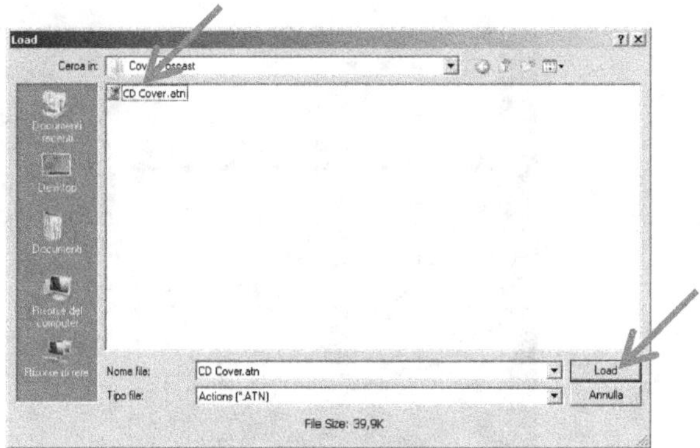

Adesso seleziona «Step 1» e premi qui sul simbolo «Play»:

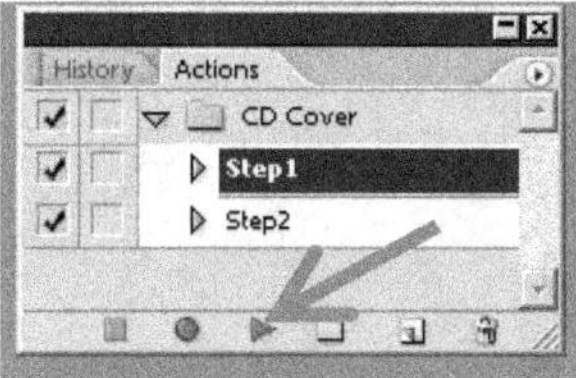

Ti apparirà un'immagine in due dimensioni che rappresenta la parte anteriore della copertina. Tu non dovrai fare altro che personalizzare l'immagine cambiando il testo oppure aggiungendo delle immagini; quando sarai soddisfatto ti basterà selezionare «Step 2» e cliccare di nuovo sul pulsante «Play»:

Ecco lo splendido effetto cover virtuale per i tuoi podcast!!

SEGRETO n. 61: puoi utilizzare *Photoshop* per creare copertine virtuali veramente professionali.

Il secondo strumento di cui ti voglio parlare è un servizio online che ti permette di creare gratuitamente copertine sia per i tuoi podcast che per i tuoi videocorsi; il servizio si chiama 3D-BOX MAKER:

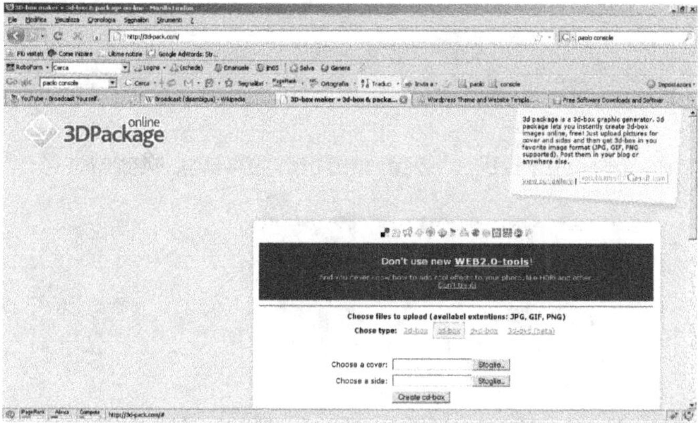

Per utilizzarlo basta caricare l'immagini da te scelte cliccando su «Sfoglia», accanto a «Choose a cover», per scegliere la parte frontale della copertina, e «Choose a side» per scegliere la parte laterale, e cliccare su «Creare a cd-box»:

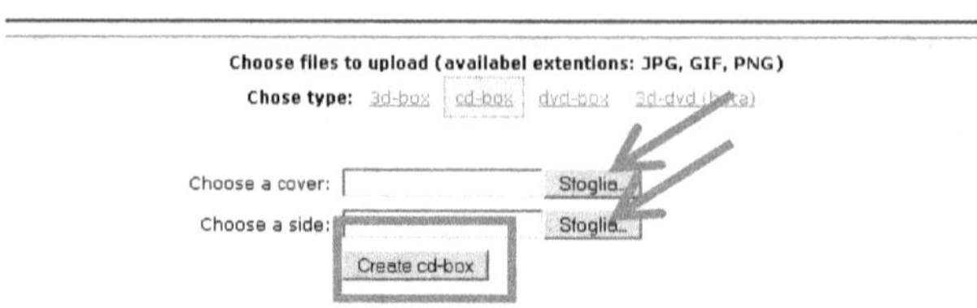

Al termine del processo di creazione delle cover scegli il formato che preferisci:

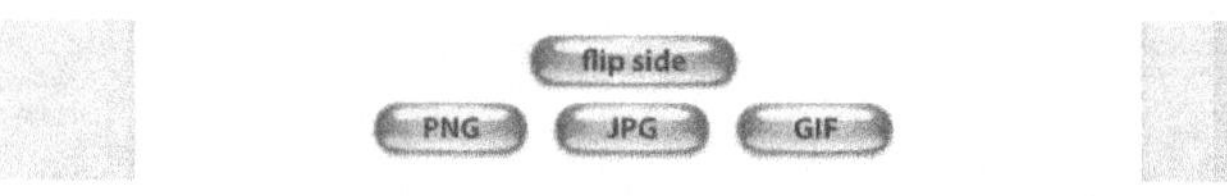

Ecco alcuni esempi di cover create con 3D-Box Maker:

Non sono incredibili!? Voglio ricordarti che software che fanno queste copertine costano dai 100 dollari in su, e tu lo puoi fare in maniera assolutamente gratuita!! Quindi non hai scuse per non provarci!

Poi, una volta che il cliente avrà pagato, rimandi PayPal alla pagina di download del podcast e voilà, il gioco è fatto.

SEGRETO n. 63: puoi utilizzare *3D Box Maker* per creare copertine virtuali dei tuoi podcast e video e aumentare le vendite.

RIEPILOGO DEL CAPITOLO 5:

- SEGRETO n. 47: il fenomeno della condivisione video è in costante crescita, per questo motivo devi investire su di esso.

- SEGRETO n. 48: crea video che abbiano una durata massima di 1 o 2 minuti e che si focalizzino su un'idea.

- SEGRETO n. 49: prendi esempio dai più grandi successi nella storia del video marketing per creare la tua campagna.

- SEGRETO n. 50: struttura il tuo video inserendo l'indirizzo del tuo blog all'inizio, mentre il video viene visualizzato, e alla fine per cercare di portare lo spettatore all'azione che vuoi.

- SEGRETO n. 51: impara a utilizzare e ottimizzare *CamStudio*.

- SEGRETO n. 52: impara a creare video di alta qualità per YouTube con *Super 2008*.

- SEGRETO n. 53: puoi verificare se il tuo video sarà considerato da YouTube di alta qualità tramite il software *MediaInfo*.

- SEGRETO n. 54: per creare gli effetti zoom integra alle funzioni di CamStudio il software *Magnifying Glass*.

- SEGRETO n. 55: crea un account su YouTube che abbia un nome che rimandi alla tua attività.

- SEGRETO n. 56: cerca e annota le parole chiave che gli utenti utilizzano per cercare i video su YouTube, così da avere ottime possibilità che il video sia visualizzato.

- SEGRETO n. 57: seleziona l'anteprima del tuo video in modo tale da differenziarti dall'enorme massa di video non ottimizzati su YouTube.

- SEGRETO n. 58: ottimizza titolo, parole chiave, descrizione, categoria del video su YouTube per moltiplicare le visualizzazioni del tuo video.

- SEGRETO n. 59: il podcast è uno strumento a bassissimo costo e molto efficace.

- SEGRETO n. 60: utilizza il software gratuito *Audacity* per registrare i tuoi podcast e inserisci la musica per rendere il file registrato professionale.

- SEGRETO n. 61: puoi utilizzare *Photoshop* per creare copertine virtuali veramente professionali.

- SEGRETO n. 63: puoi utilizzare *3D Box Maker* per creare copertine virtuali dei tuoi podcast e video e aumentare le vendite.

GIORNO 6:

Link building e socialbookmarks

Parliamo adesso di *link building*, quell'attività che si svolge al fine di aumentare in maniera esponenziale il numero di link che da altri siti puntano al nostro (*backlink*). Quest'attività ha lo scopo di aumentare il posizionamento del nostro sito nei risultati di ricerca di Google.

La *link popularity* (numero di link che puntano al tuo sito) è ormai un fattore direi fondamentale per scalare le SERP (Search Engine Result Pages) di Google. Le tecniche più sconosciute per diffondere i tuoi link in lungo e in largo nella rete sono le directory, i gruppi di annunci commerciali, i comunicati stampa online e l'article marketing.

Sono tecniche eccezionali che vanno molto bene. Io in questo capitolo ti voglio però mostrare un'altra foltissima categoria di siti all'interno della quale "spalmare" i link che puntano al tuo sito per aumentare notevolmente la link popularity, sto parlando dei **social bookmarks.**

I social bookmarks sono la naturale (se cosi si può dire) evoluzione dei tradizionali bookmarks, ossia i cosiddetti "Preferiti" di Internet Explorer o "Segnalibri" di Firefox. Questi ultimi hanno la grande utilità di permettere al navigatore di internet di memorizzare sul proprio computer gli indirizzi dei siti preferiti. I social bookmarks costituiscono la trasposizione dei Preferiti o Segnalibri sul web, ossia la memorizzazione dei siti preferiti non più sul computer di casa ma direttamente sul web.

Tutte le pagine memorizzate e catalogate online da ciascun navigatore vengono messe a disposizione di tutti. Questo vuol dire che se vado a fare una ricerca sul rinnovato delicious.com, il più famoso sito di social bookmark, ricercando, ad esempio, la parola «Web 2.0» avrò come risultato un elenco delle migliori risorse catalogate e votate in relazione a questa ricerca:

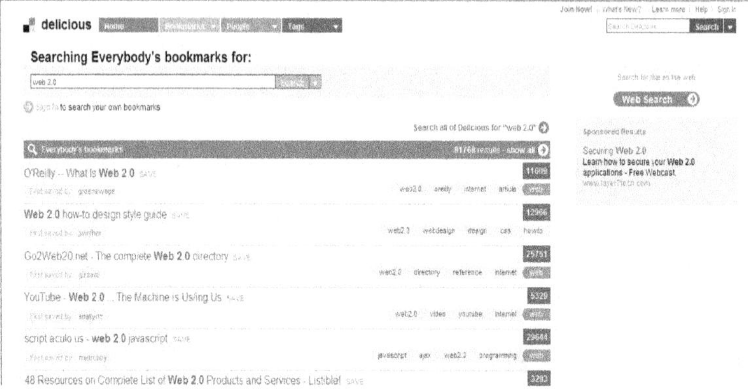

Molti pensano che i siti di social bookmarks siano l'evoluzione delle tradizionali directory web, in cui inserire i siti per pubblicizzarli e promuoverli. Questo paragone può essere in parte giusto ma i social bookmarks hanno un vantaggio non indifferente rispetto alle directory e cioè l'**interattività**. Infatti, per registrare un sito in una directory devi seguire in **prima persona** la procedura che prevede, tra l'altro, i tempi di attesa per l'accettazione del sito da parte della directory stessa.

I social bookmarks, oltre a permettere l'inserimento dei tuoi siti preferiti, offrono, a differenza delle directory, degli **strumenti sociali** per far in modo che **anche gli utenti che navigano sul tuo**

sito possano memorizzare il tuo indirizzo web nei diversi siti di social bookmarks.

Le icone che vedi sopra rimandano proprio a questi strumenti sociali che normalmente trovi sotto un post di un blog, all'interno di forum, all'interno di siti di notizie e approfondimenti. Cliccando su ciascuna icona è possibile memorizzare il contenuto del blog o del forum che, all'interno del servizio di social bookmark, vi corrisponde.

SEGRETO n. 64: i siti di social bookmarks sono diversi dalle directory e danno maggiore visibilità.

Dall'avvento di Del.icio.us nel 2003 fino ad arrivare ai giorni nostri, la comunità di internet ha assistito al proliferare di tantissimi servizi di social bookmarks. Per tal motivo sono nati gli ormai diffusissimi e gratuiti **aggregatori sociali**, facilmente integrabili in qualsiasi sito web, come ShareThis e il più famoso AddThis. Lo scopo di questi aggregatori è quello di offrire tanti servizi di social bookmarks in una sola pagina web; inoltre essi permettono di memorizzare i propri siti preferiti nel servizio più congeniale.

Perché, quindi, questi siti sono oggi così importanti per creare una rete di link che punta al tuo sito per aumentarne la popolarità? Essenzialmente per due motivi:

1. molti di questi servizi offrono link *dofollow*, ossia link a cui Google assegna molto valore per giudicare il posizionamento del tuo sito;

2. il numero di questi siti è in costante crescita sia in Italia che all'estero (i più famosi italiani sono contenuti del metodo RoboList illustrato nel capitolo Giorno 3).

SEGRETO n. 65: i social bookmarks sono la miglior risorsa online per incrementare la tua link popularity.

Passo ora a mostrarti degli strumenti veramente eccezionali per diffondere i link del tuo blog. Il primo è *SocialMarker*:

Quest'applicazione ti permette di inserire molto velocemente i tuoi link in ben 48 siti di social bookmarking, selezionando anche i link dofollow:

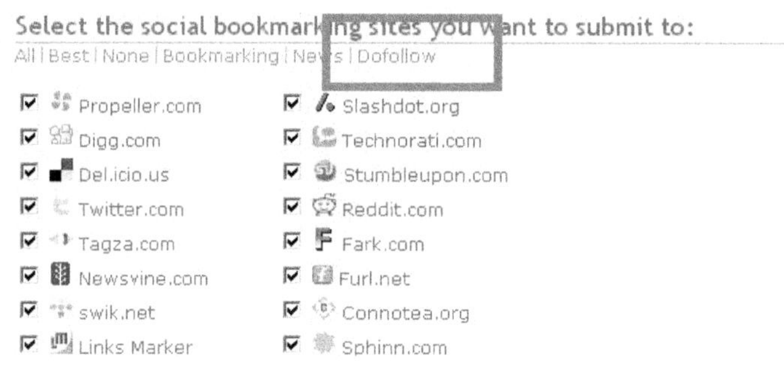

È molto facile utilizzare SocialMarker, il primo passo è compilare i campi «Title» (titolo del tuo blog), «Link» (indirizzo completo della home page del tuo blog seguito sempre dal protocollo http://), «Text» (descrizione del tuo blog), «Tags» (le parole chiave scelte per il tuo blog separate da una virgola).

Ti consiglio di settare prima **RoboForm**, il software del quale ti ho illustrato il funzionamento nel Giorno 3, con i dati del tuo blog, perché gli stessi identici dati verranno richiesti anche da tutti i siti in cui andrai a inserire i tuoi link:

Bookmark details

Title

Link (URL)

Text

Tags (separated by commas)

Dopo aver inserito questi dati, seleziona il comando «Dofollow», come mostrato precedentemente, e si attiveranno soltanto i siti i cui link che puntano al tuo blog ti saranno fondamentali per aumentare il posizionamento su Google. Fatto ciò, clicca su «*Submit*» per avviare il processo di sottomissione del tuo blog:

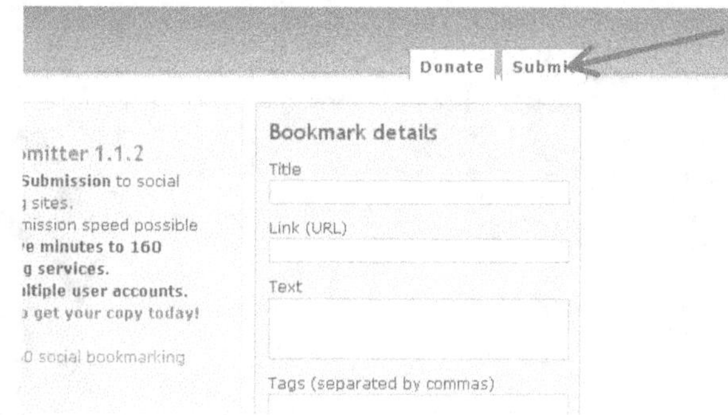

Adesso devi registrarti su ciascuno dei siti per poter inserire il tuo link, anche qui niente di più facile e veloce. Clicca su «Register»:

Ora clicca sul pulsante "magico" di Roboform, ed ecco che hai già compilato il primo form.

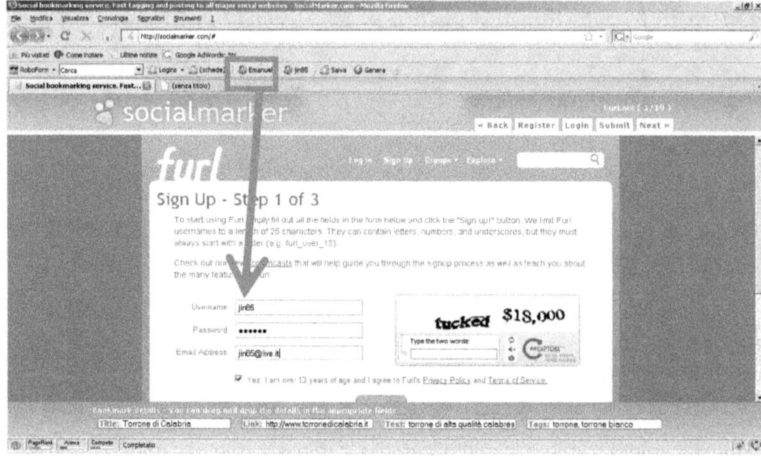

Scrivi il codice di sicurezza nell'apposita casella e clicca su «Sign Up!»:

A questo punto ti arriverà un'email all'indirizzo di posta elettronica che hai inserito indicato; per attivare il tuo account clicca sul link di attivazione (ti consiglio di aprire una finestra a parte per la tua posta elettronica in maniera da poter controllare più velocemente quando arrivano le altre email di attivazione):

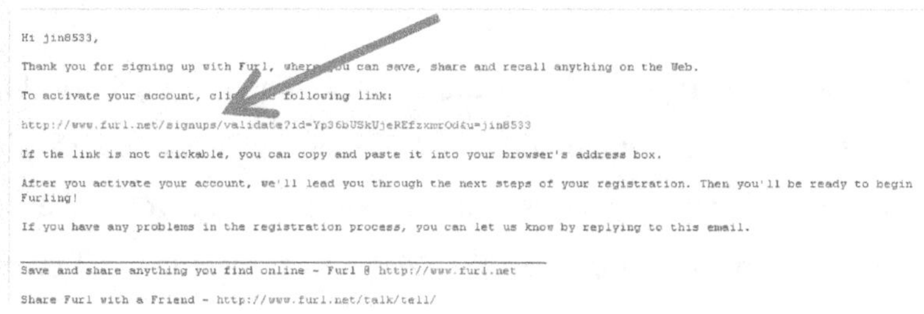

Una volta attivato l'account, clicca su «Submit» e verrai indirizzato sulla pagina per sottomettere il link del tuo blog:

Basta cliccare nuovamente sul bottone di RoboForm e si compileranno tutti i campi automaticamente, poi cliccare su «Save» in basso a destra.

Non preoccuparti se qualche campo riguardante i dati del tuo blog non si autocompleterà, è normale, Roboform non riconosce tutti i campi. Per ovviare a questo inconveniente, ogni volta che un campo non verrà compilato vai su «Modifica identità», dal menu di Roboform, e seleziona «Personalizzato»:

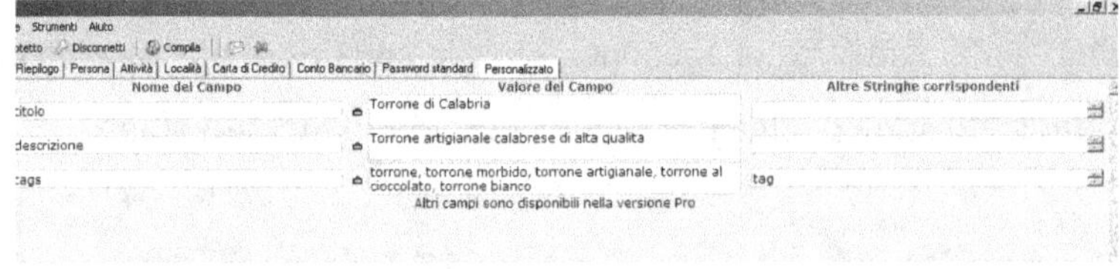

Poi vai su «Altre stringhe corrispondenti» e inserisci il nome del campo che non si è compilato automaticamente; in questo modo Roboform la volta successiva compilerà senza problemi tutti i campi. In meno di un minuto hai già inserito il link del tuo blog nel primo sito, adesso passa al secondo, ciccando su «Next» e ripeti le stesse operazioni:

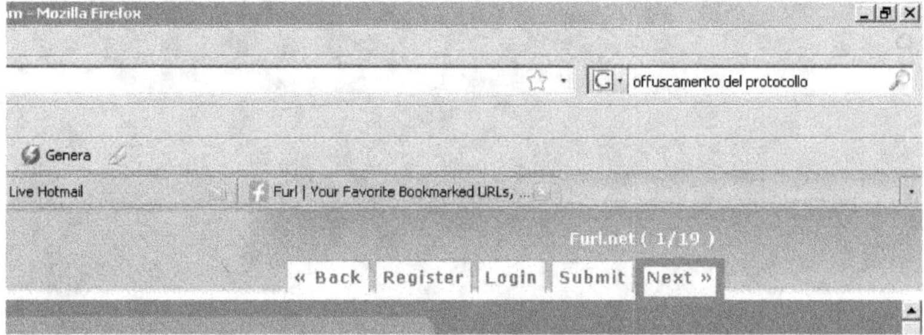

Anche qui ti consiglio, prima di utilizzare SocialMarker, di registrarti a ciascun sito che hai selezionato nella pagina iniziale; in questo modo ti verrà immediato procedere attraverso SocialMarker poiché, come con RoboList, ti basterà cliccare su «Submit» e potrai inserire velocemente i tuoi link.

SEGRETO n. 66: utilizza *SocialMarker* per aumentare i link che puntano al tuo blog.

Il secondo strumento è *SocialList*: contiene una lista di ben **484 siti!!**

L'interfaccia di SocialList – come ti ho illustrato per RoboList – presenta alla tua sinistra la lista di 480 siti e alla tua destra un browser per sottomettere molto velocemente i tuoi link. Anche con SocialList, per velocizzare ulteriormente il processo di inserimento dei tuoi link, utilizza RoboForm.

Esiste un servizio molto interessante che in Italia è praticamente sconosciuto: SocialMatic.com. La peculiarità di questo servizio è che ti permette di gestire più siti di social bookmarks con un unico account. Quest'applicazione ti offre un servizio di bookmarking automatico sia gratuito che a pagamento, con più di 20 social bookmark, ed è abbastanza affidabile. La versione gratuita del servizio prevede 200 punti che diminuiscono di 5 per ogni social bookmark utilizzato; ogni giorno che passa i tuoi punti aumentano di 10.

Vediamo i passi per utilizzare questo efficace e gratuito sistema:

1. Collegati a www.Socialmatic.com.

2. Inserisci il tuo nome e la tua email per registrarti, clicca su «Give me instant access now».

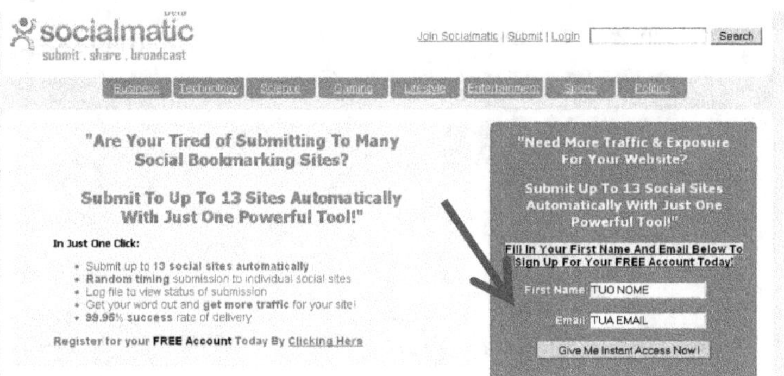

Vai nella tua casella email e clicca sul link per attivare l'account:

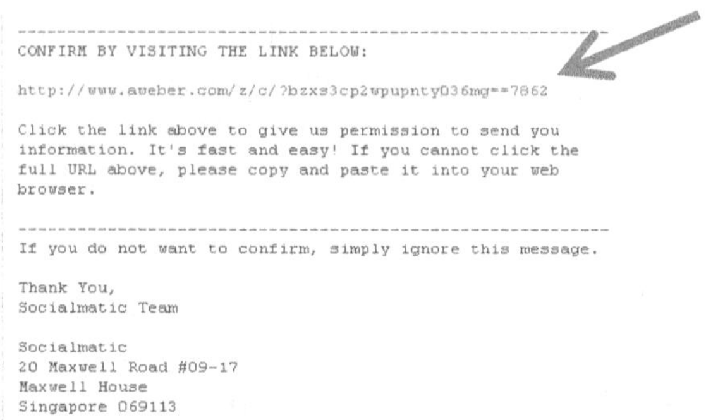

3. A questo punto inserisci tutti i tuoi dati. Come al solito, per automatizzare l'inserimento utilizza RoboForm:

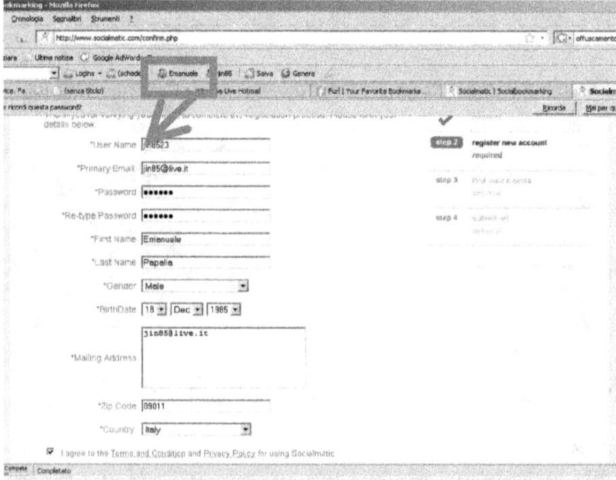

Salta il passaggio successivo cliccando su «No thanks, i'll do this later»:

Ecco, questa è l'interfaccia principale di Socialmatic, adesso trascina il collegamento *Social It! (sdt)* sulla barra dei segnalibri del tuo browser:

Questo collegamento nella barra dei segnalibri ti sarà fondamentale per inserire il tuo blog in ben **21 siti contemporaneamente!!**

4. Per usufruire di questo servizio devi essere iscritto a questi siti, una volta fatto ciò inserisci user e password nella lista dei siti e clicca su «Save Logins»:

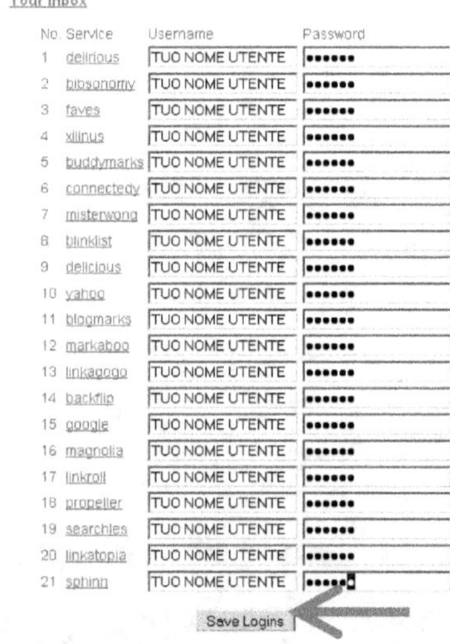

5. Adesso vai all'indirizzo del tuo blog e clicca sul pulsante che hai precedentemente incollato sulla barra del tuo browser:

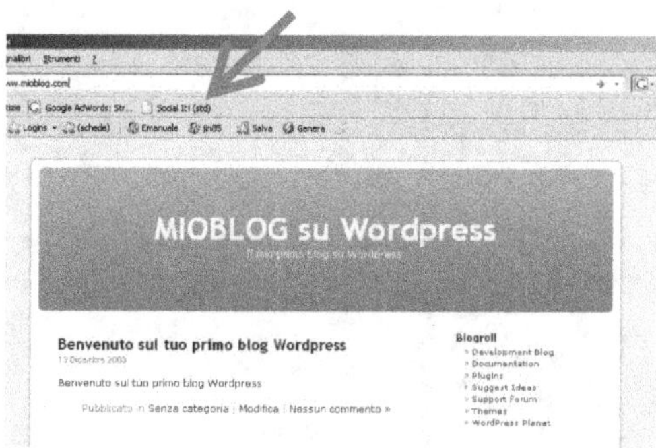

Ti si aprirà automaticamente la pagina web, nella quale verranno riportati tutti i dati relativi al tuo blog:

Nella stessa pagina verranno riportati tutti i siti in cui automaticamente andrà a finire il link del tuo blog:

- ☑ Socialmatic
- ☑ delirious
- ☑ bibsonomy
- ☑ faves
- ☑ xilinus
- ☑ buddymarks
- ☑ connectedy
- ☑ misterwong
- ☑ blinklist
- ☑ delicious
- ☑ yahoo
- ☑ blogmarks
- ☑ markaboo
- ☑ linkagogo
- ☑ backflip
- ☑ google
- ☑ magnolia
- ☑ linkroll
- ☑ propeller
- ☑ searchles
- ☑ linkatopia
- ☑ sphinn

Ti basterà inserire il codice di sicurezza e cliccare su «Submit»:

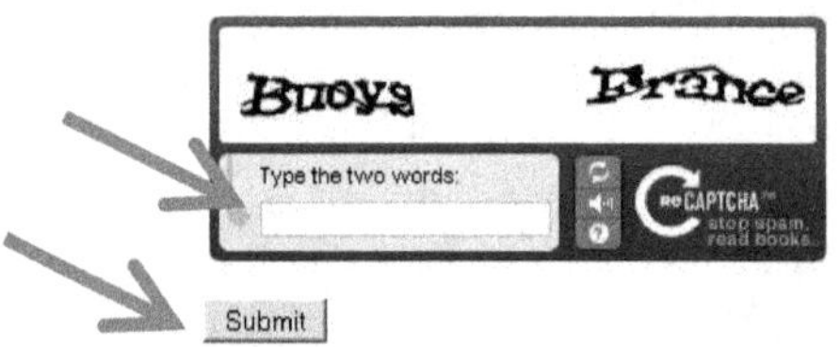

Ecco che il tuo blog è stato inserito in ben 21 siti contemporaneamente, che vuol dire 21 *backlink* che da 21 siti puntano verso il tuo, accrescendo la popolarità del tuo blog per i motori di ricerca.

SocialMatic offre anche un pannello di controllo nel quale verificare l'avvenuto inserimento del tuo sito nei social bookmarks:

Non è fantastico? Il tuo blog beneficerà di un **ampio margine** sia **di promozione online** che **di link popularity**, senza parlare degli strumenti che ti ho fornito nel primo capitolo (social list e 37 siti italiani), e tutto ciò in **maniera completamente gratuita.** Dopo questo lavoro devi solo goderti l'enorme mole di traffico e di popolarità online.

SEGRETO n. 67: utilizza *SocialMatic* per inserire automaticamente gli articoli del tuo blog.

Ultimamente sono nati servizi per creare veri e propri siti di social bookmarks e social news, dove memorizzare e far memorizzare ai tuoi utenti le pagine e gli articoli preferiti. Un servizio molto interessante è Slinkset.

Slinkset ti offre la possibilità di costruire una vera e propria community all'interno della quale far condividere ai tuoi utenti tutti i loro siti e notizie preferite, e votarli proprio come all'interno di Digg o OkNotizie. Questo servizio offre veramente ogni genere di personalizzazione, che va dal design della pagina alla possibilità di personalizzare il sito con linguaggio HTML, per non parlare della possibilità di utilizzare un tuo dominio web da associare al sito creato con Slinkset, il tutto sempre in maniera **gratuita**. Slinkset è molto semplice e intuitivo nell'uso, come spesso capita per le applicazioni Web 2.0.

I passi da seguire sono:

1. Collegati al sito Slinkset.com e clicca su «TRY IT NOW»:

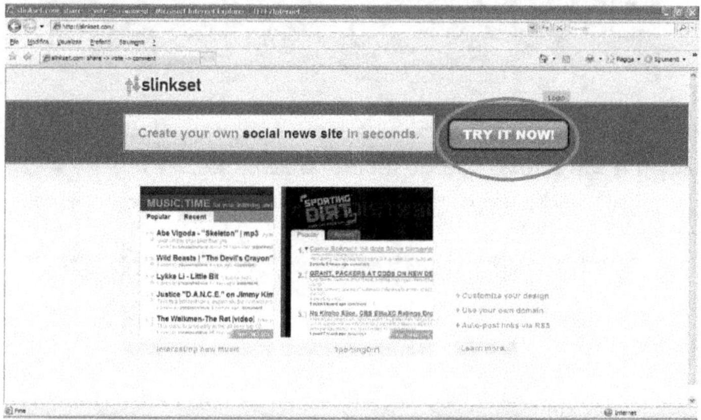

2. Completa il modulo di registrazione indicando alla fine l'opzione «Public» che permette a tutti gli utenti di condividere e votare i link preferiti; clicca su «Create My Site» per proseguire.

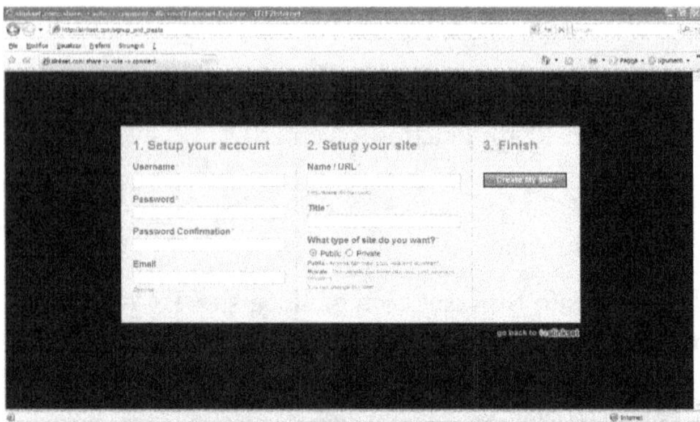

3. Ecco il tuo nuovo sito di social bookmarks:

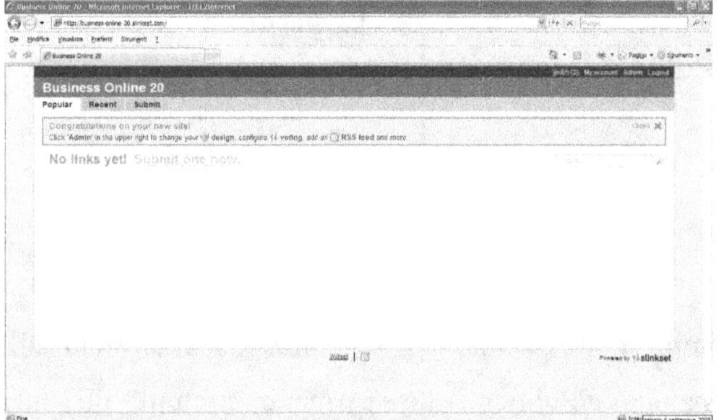

Ovviamente il sito inizialmente sarà privo di link; per iniziare a inserire dei link clicca su «Submit one now». Ti ricordo che puoi modificare le impostazioni del tuo nuovo sito cliccando in alto a destra su «Admin». In Slinkset potrai gestire i tuoi utenti, il sistema di votazione, potrai invitare persone tramite email. Una funzione molto utile è quella che ti permette di inserire il codice HTML per la personalizzazione della sidebar (barra laterale destra). Per attivarla vai su *Settings > Advanced*:

È consigliabile mettere qualche link di affiliazione per guadagnare anche da questa piattaforma. Ecco come verrà il sito: ricco di contenuti e con qualche link di affiliazione.

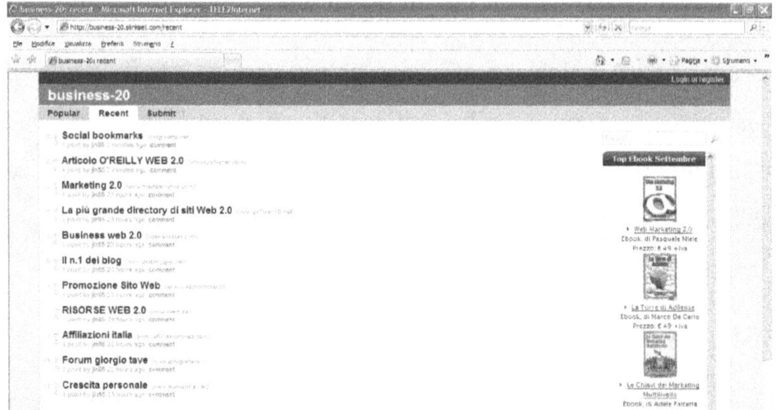

Gli utenti che visiteranno il tuo sito potranno inserire le proprie risorse semplicemente cliccando su «Submit» e registrandosi con nome utente e password.

Anche in questo caso, cerca di creare un aggregatore di siti e notizie inerenti a una nicchia specifica, come ad esempio risorse per il design Web 2.0, risorse per la crescita, per l'autostima ecc. Questo è un utilissimo strumento da affiancare al tuo blog o social network per promuoverti e invogliare i tuoi utenti a condividere le loro notizie e siti preferiti.

SEGRETO n. 68: utilizza *Slinkset* per creare un tuo sito di social bookmark e presentalo come risorsa aggiuntiva al tuo blog.

RIEPILOGO DEL CAPITOLO 6:

- SEGRETO n. 64: i siti di social bookmarks sono diversi dalle directory e danno maggiore visibilità.

- SEGRETO n. 65: i social bookmarks sono la miglior risorsa online per incrementare la tua link popularity.

- SEGRETO n. 66: utilizza *SocialMarker* per aumentare i link che puntano al tuo blog.

- SEGRETO n. 67: utilizza *SocialMatic* per inserire automaticamente gli articoli del tuo blog.

- SEGRETO n. 68: utilizza *Slinkset* per creare un tuo sito di social bookmark e presentalo come risorsa aggiuntiva al tuo blog.

GIORNO 7:

Sfruttare la "coda lunga"

Un fenomeno molto interessante e ampiamente affermato nell'era del 2.0 è quello della "coda lunga". Questo fenomeno consiste nel progressivo orientamento del mercato (in particolare quello di internet) da pochi prodotti di massa che vendono di più (nel caso dei libri best seller, nel caso delle canzoni le hit) verso prodotti che fanno parte di centinaia di nicchie di mercato.

Ti faccio un esempio per farti capire meglio il concetto. Prendiamo il caso della musica: possiamo definire una hit, ad esempio, il singolo di Madonna e Justin Timberlake. Sono entrambi cantanti molto famosi, la loro musica è seguita da milioni di fan in tutto il mondo, la loro canzone al momento del lancio viene pubblicizzata costantemente in televisione e in radio.

Questa hit diventa allora un prodotto di massa, è ascoltata in ogni parte del mondo. Al contrario possiamo definire un prodotto di nicchia una canzone "non-hit" ossia una canzone, magari anche meravigliosa, che, per non essere stata fatta da cantanti famosi, non viene mai trasmessa in radio, oppure appartiene a un genere poco conosciuto, insomma che comprano in pochi.

Il bello di tutto ciò è che le canzoni "non-hit" sono la maggior parte di quelle in circolazione. Lo stesso discorso vale anche per i libri. Pensa che ogni anno vengono pubblicati circa 200.000 libri in inglese e meno del 10% arriva a vendere in una grande libreria. E il resto dei libri? E il resto delle canzoni? Sicuramente non li troverai neanche all'interno del negozio di libri o di musica più grandi del mondo!

Li troverai, invece, su internet. Questo perché su internet non esiste lo spazio fisico come per i negozi veri e propri. Un negozio reale è vincolato dallo spazio a disposizione negli scaffali, deve quindi per forza selezionare i libri e le canzoni che, ognuno in misura diversa, vendono di più.

Sulla rete questo discorso non esiste, perché tutto si misura in memoria digitale. Ad esempio, una canzone per iTunes costituisce un piccolissima parte dell'infinita memoria dei computer, invece per un negozio normale "accogliere" una canzone vuol dire occupare lo spazio fisico (spazio limitato) di un cd.

Per questo in rete puoi trovare tutte le canzoni, i libri, gli oggetti che nel mondo reale non si possono vendere semplicemente perché non c'è spazio a sufficienza. Questo discorso vale per tantissime cose. Pensa agli innumerevoli oggetti che puoi trovare solo su eBay, alle informazioni che puoi trovare solo su Wikipedia e in nessun'altra enciclopedia esistente, ai migliaia di libri che puoi trovare solo su Amazon.

Bene, tutte le canzoni, i libri, gli oggetti, le informazioni che puoi trovare solo in internet fanno parte tutti della *coda lunga*.

Il grafico sotto mostra la curva di domanda riferita, ad esempio, ai prodotti di eBay scomposta in due parti, in cui ciascun punto della curva rappresenta un prodotto. La testa della curva rappresenta i pochi prodotti di massa che registrano un alto numero di vendite, la coda della curva rappresenta i tantissimi prodotti che, singolarmente, vendono poco (non-hit) ma messi insieme costituiscono un business di dimensioni vastissime.

Pensa a eBay: quanti prodotti mette all'asta? Decine, forse centinaia di migliaia? Certo, ma non solo. Molti di questi prodotti, che vanno dall'abbigliamento, alle auto, moto, elettronica, informatica, DVD ecc., sono prodotti che da soli non hanno neanche una decina di ordini l'anno.

Metti, però, che 1000 o 10.000 articoli di questo genere vengano venduti ogni anno, farebbero la fortuna di chiunque, come l'hanno fatta per Ebay e per i suoi venditori. Ed è questo il concetto di coda lunga. Spesso sono queste nicchie di mercato che producono maggiori profitti rispetto al ristretto ma affermato mercato delle hit.

SEGRETO n. 69: soltanto su internet puoi applicare il business della coda lunga.

Esistono 5 Segreti della coda lunga che ti consentiranno di migliorare notevolmente il tuo business online:

Il prezzo

Devi sapere che le persone sono differenti e che ciascuna è disposta a pagare un prezzo differente. Questo dipende da due fattori: il primo è il potere d'acquisto, cioè la disponibilità di denaro che una persona possiede per effettuare acquisti; il secondo è il tempo a disposizione. Ad esempio eBay ha saputo utilizzare a suo favore questi due fattori, infatti permette di acquistare i prodotti sia tramite le aste (a prezzi inferiori, ma con un po' più di tempo da dedicare per aggiudicarsi l'asta) sia tramite l'opzione «Compralo Subito» (a prezzi superiori e senza perdere tempo).

Un'importante strategia che tu stesso puoi applicare è quella di offrire ai tuoi clienti un *pricing variabile*, ossia differenti prezzi per differenti prodotti. Per esempio, puoi offrire un prezzo maggiore per i prodotti che vendono di più (per le hit) e un prezzo minore per i prodotti che vendono di meno (presumibilmente la maggior parte dei tuoi prodotti), in maniera tale da incentivare i tuoi clienti a spostarsi verso l'offerta di questi prodotti di nicchia.

SEGRETO n. 70: adotta un prezzo variabile per invogliare i tuoi clienti ad acquistare i prodotti di nicchia.

La condivisione

Condividi con i tuoi visitatori/clienti tutte le informazioni che riguardano i comportamenti d'acquisto della tua clientela, ad esempio dati riguardanti i prodotti più venduti, i prodotti più venduti classificati per prezzo, recensione, autore ecc. Queste informazioni, così strutturate, possono trasformarsi in un potente strumento di marketing per infondere fiducia, eliminare eventuali dubbi relativi all'acquisto e, di conseguenza, invogliare il cliente all'azione. Quelli che trovi sotto sono esempi di come Amazon.com ed eBay utilizzano il segreto della **condivisione**:

Anche la Bruno Editore ha impostato uno strumento del genere per porre in essere un primo filtro alla scelta del cliente, orientandolo maggiormente verso l'acquisto di quei prodotti che, agli occhi del cliente, non possono fallire, visto che sono quelli di maggior successo.

SEGRETO n. 71: condividi le informazioni sulle tue vendite con gli utenti/clienti del tuo sito per orientare la loro scelta.

Il consumatore

Nell'era del Web 2.0 è il consumatore a decretare il successo o il disastro di un prodotto/servizio. Il contenuto generato dagli utenti che diventano consumatori, per chi vende online, è il tesoro più prezioso. Ci sono tantissimi esempi di servizi basati sul contributo degli utenti. Tanto per citare quelli più famosi, pensa a eBay e al sistema dei feedback degli acquirenti sui venditori; ad Amazon.com con le recensioni dei libri fatte direttamente da chi li compra; pensa anche a Skype che, grazie al passaparola generato dagli utenti, ha raggiunto 60 milioni di utenti in poco più di due anni.

Il bello di tutto ciò è che le recensioni o le opinioni degli utenti su un determinato prodotto sono spesso più accurate e veritiere rispetto a quelle fatte da professionisti a pagamento. Ma non solo, il contenuto generato dagli utenti viene maggiormente considerato e ritenuto attendibile da parte di chi deve acquistare. Questo perché non ci si trova di fronte a una recensione fatta dalla stessa azienda, che "per forza" deve lodare il proprio prodotto, ma di fronte all'opinione di una persona comune, magari spinta dalle tue stesse motivazioni, che scrive, sinceramente, se quel prodotto le è piaciuto o meno e le relative motivazioni.

Per questo, devi puntare a far interagire i tuoi clienti, a far dare loro il proprio contributo attraverso strumenti come il blog o il social network. Utilizza nel tuo sito gli strumenti di cui abbiamo sino ad ora per far partecipare maggiormente i tuoi utenti alla tua attività.

SEGRETO n. 71: fai in modo che i tuoi utenti possano partecipare creando contenuti all'interno del tuo sito.

La microscomposizione

Prima dell'avvento di internet come canale privilegiato di vendita e distribuzione di prodotti e servizi, esisteva, per alcuni prodotti, un solo modo per essere utilizzati dalle persone. Ti faccio un esempio: quando ti rechi in un negozio per acquistare un libro, sai che quello che ti darà il venditore sarà un vero e proprio libro, così come tutti lo conosciamo, in formato cartaceo. Cosa ne pensi se quello stesso libro avesse un altro aspetto? Ad esempio potrebbe essere in formato PDF e lo potresti leggere sul tuo computer, oppure in formato audio come podcast da ascoltare comodamente attraverso il tuo iPod, magari mentre stai correndo o facendo dello sport. Un altro esempio è quello della musica: mentre in passato acquistavi soltanto i cd musicali, oggi con internet hai a disposizione i singoli brani in formato Mp3, da ascoltare in download o in streaming, i videoclip ecc.

Questa è una strategia chiamata **microscomposizione,** e consiste nello scomporre un prodotto in maniera tale che possa essere consumato in tanti modi diversi a seconda delle esigenze dei consumatori.

Se hai dei prodotti che possono essere scomposti, questa è la strategia migliore da utilizzare, perché offrendo più modi di fruire di un prodotto andrai a servire tutte quelle nicchie di consumatori che hanno particolari gusti ed esigenze.

SEGRETO n. 72: scomponi i tuoi prodotti in modo da poter servire anche quelle nicchie di clienti con particolari esigenze.

Oggi, se vuoi avere successo online, la strategia migliore è quella di offrire accanto ai pochi prodotti più conosciuti, alle hit, anche e soprattutto tutti quei prodotti che appartengono a nicchie poco conosciute. Questo perché su internet hai possibilità di aumentare la larghezza e la profondità del tuo catalogo, come ti ho spiegato prima, a livelli infiniti.

Infatti, mentre se hai un negozio reale andrai a soddisfare solo la testa della curva,

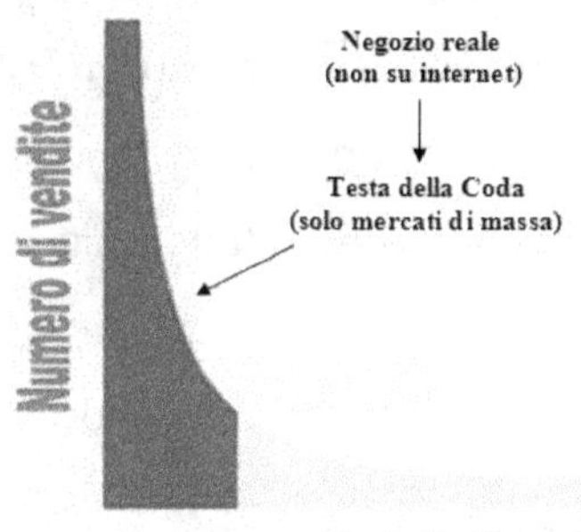

se hai un negozio online puoi affiancare ai prodotti appartenenti alla testa della curva anche quelli appartenenti alla coda:

Ti assicuro che non è una strategia da poco, anzi, se la saprai sfruttare ti farà diventare ricco. Adesso è molto probabile che ti stia frullando per la testa questa domanda: la coda lunga è fantastica, ma dove trovo tutti questi prodotti da vendere?

Spesso non ci accorgiamo delle tantissime opportunità che il posto in cui viviamo ci presenta. Ti porto il mio esempio: era il mese di luglio dell'anno passato, io e il mio miglior amico stavamo discutendo sulla spiaggia su come fare un po' di soldi. Io ho affermato che oggi il modo migliore per intraprendere un'attività senza grossi sforzi e investimenti iniziali è sicuramente internet.

Il mio amico era d'accordo. A questo punto eravamo però indecisi su cosa basare la nostra attività. Dopo qualche discussione siamo arrivati alla conclusione di orientarci sulla vendita di uno o più prodotti tipici regionali. Dapprima avevamo pensato al vino, però c'era troppa concorrenza, poi ai salumi, ma anche qui c'era troppa concorrenza.

All'improvviso al mio amico è venuto un lampo di genio: il torrone. Infatti io sono originario di un paese famoso per la qualità e la bontà del torrone artigianale. Non essendoci pressoché alcuna concorrenza online per questo prodotto, nel giro di qualche mesetto abbiamo aperto un negozio e-commerce specializzato nella vendita del torrone, appoggiandoci, come fornitore, a una pasticceria locale.

Dopo qualche migliaia di euro guadagnati, stiamo decidendo di allargare il nostro catalogo, che contava poche qualità di torrone (quelle più conosciute), a quelle qualità di torrone, diciamo, più di nicchia, in modo da posizionarci come sito definitivo per gli amanti del torrone. Questo lo faremo andandoci a rifornire da più pasticcerie e non solo da una. Tra qualche mese il nuovo sito sarà online.

Ti ho riportato il mio esempio per farti capire che in giro ci sono moltissime idee da sviluppare e noi, magari perché non ci pensiamo o perché siamo troppo occupati, spesso ce le facciamo scappare. Quindi datti da fare!!

SEGRETO n. 73: offrire tanti prodotti di nicchia, oltre a quelli più conosciuti, aumenterà notevolmente le tue entrate.

Questo ultima parte di capitolo è una mia riflessione sull'attività della Bruno Editore.

La Bruno Editore è leader in Italia nella vendita di prodotti digitali. Secondo te si tratta di un semplice negozio e-commerce o sfrutta il business della coda lunga? La Bruno Editore serve un nicchia di mercato molto grande, quella relativa alla crescita, alla formazione e al benessere, tramite l'offerta di più di 100 ebook, , con un aggiornamento del catalogo a ritmo medio di 4/6 prodotti al mese.

Sicuramente esiste un gruppo di ebook (diciamo best seller) che vende più della maggior degli ebook offerti. Mettiamo il caso che gli ebook più venduti siano cinque su sessanta, ossia il 18% circa del totale, mentre l'82% vende relativamente poco, quindi i best seller appartengono alla testa della curva e il resto alla coda. Adesso il punto è questo: i profitti della Bruno Editore generati dai prodotti della coda superano anche di poco quelli della testa?

In definitiva, la Bruno Editore si potrà definire "la coda lunga degli ebook" se la domanda posta sopra è positiva, ossia se i clienti sono maggiormente orientati a ebook di nicchia piuttosto che a quelli più conosciuti.

RIEPILOGO DEL CAPITOLO 7:

- SEGRETO n. 69: soltanto su internet puoi applicare il business della coda lunga.

- SEGRETO n. 70: adotta un prezzo variabile per invogliare i tuoi clienti ad acquistare i prodotti di nicchia.

- SEGRETO n. 71: condividi le informazioni sulle tue vendite con gli utenti/clienti del tuo sito per orientare la loro scelta.

- SEGRETO n. 72: scomponi i tuoi prodotti in modo da poter servire anche quelle nicchie di clienti con particolari esigenze.

- SEGRETO n. 73: offrire tanti prodotti di nicchia, oltre a quelli più conosciuti, aumenterà notevolmente le tue entrate.

CONCLUSIONE

Bene, mio caro lettore, siamo giunti alla conclusione di questo lungo percorso che ti ha portato a conoscere le dinamiche del nuovo modo di fare business online, grazie alle possibilità offerte dal Web 2.0.

Abbiamo visto insieme lo straordinario mondo del blogging professionale, un grande guru americano diceva: «*Make a business, not a blog*», ossia: «Crea un'attività, non solo un blog». È la stessa cosa che ti consiglio di fare. Sfrutta tutto il possibile utilizzando le tecniche che hai appreso in questo ebook.

I soldi che hai speso per acquistare questo prodotto credo che abbiano un significato non tanto a livello materiale quanto a livello motivazionale. Infatti, se hai affrontato questa spesa vuol dire che sei davvero convito di voler applicare queste strategie e di non lasciarle riposare in una cartella minuscola del tuo computer.

Detto questo, le strategie apprese in questo ebook sono frutto di anni passati a stare dietro alle dinamiche legate al blog professionale (in due anni credo di aver visitato più di 1000 blog in tutte le lingue del mondo), e in generale a imparare cosa è veramente il Web 2.0 e a capire come questo sia una grandissima possibilità per chiunque si affacci oggi nel mondo di internet.

Tutto il mio sapere si basa su studi accademici e pratici che mi hanno portato a discutere una tesi sperimentale con diversi casi di studio proprio sul Web 2.0, Marketing 2.0 e sulle attuali dinamiche imprenditoriali in Italia, che ha ottenuto 5 punti su 6 in sede di discussione.

Ti auguro di poter trovare lo spunto giusto per far scattare in te la molla del successo online, ti auguro tutto il bene di questo mondo.

Emanuele Papalia